U0076357

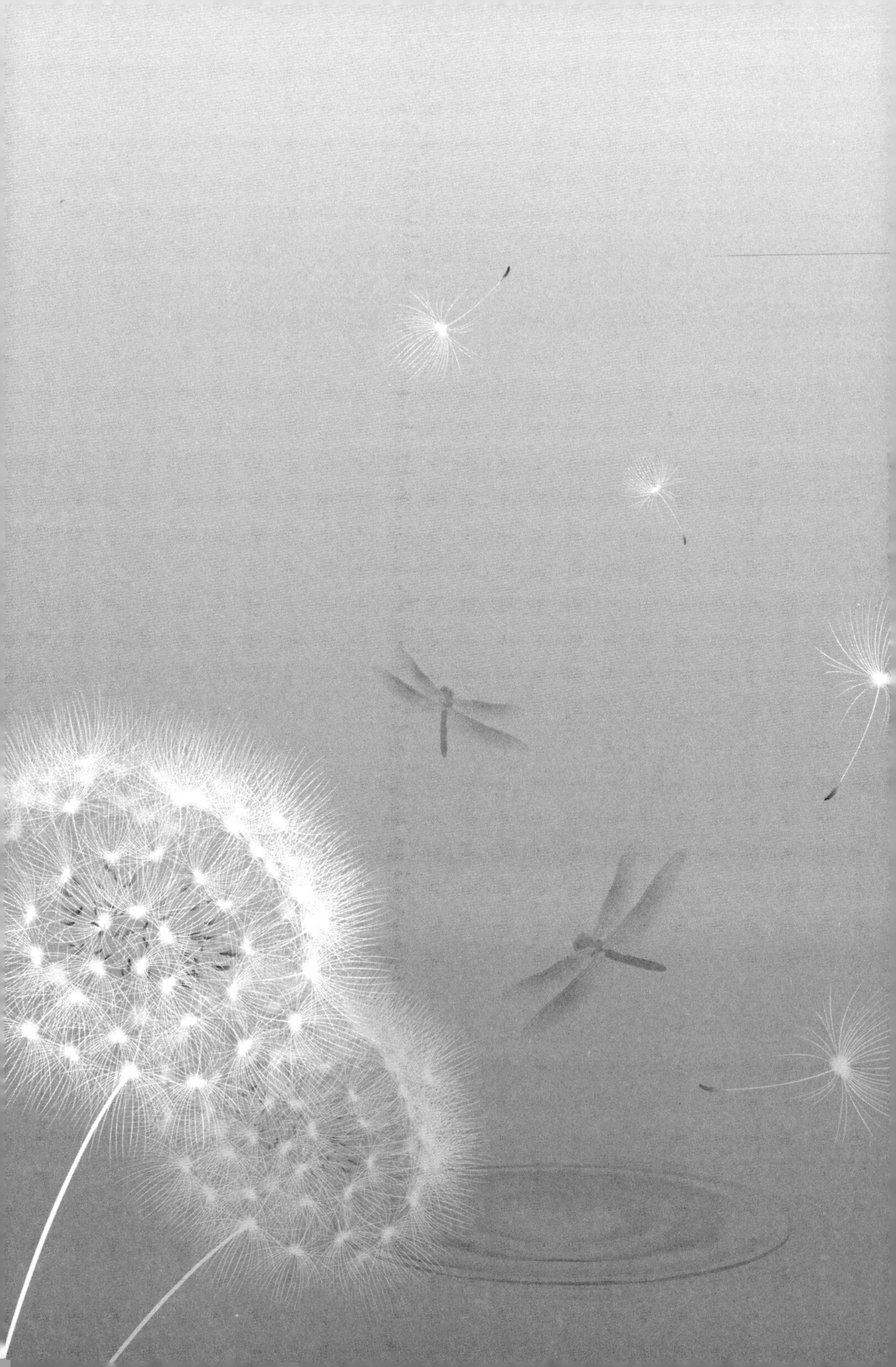

跟孩子零距離

八位教養達人的心法，

理論與實踐相輔相成，

讓你跟孩子的心更靠近！

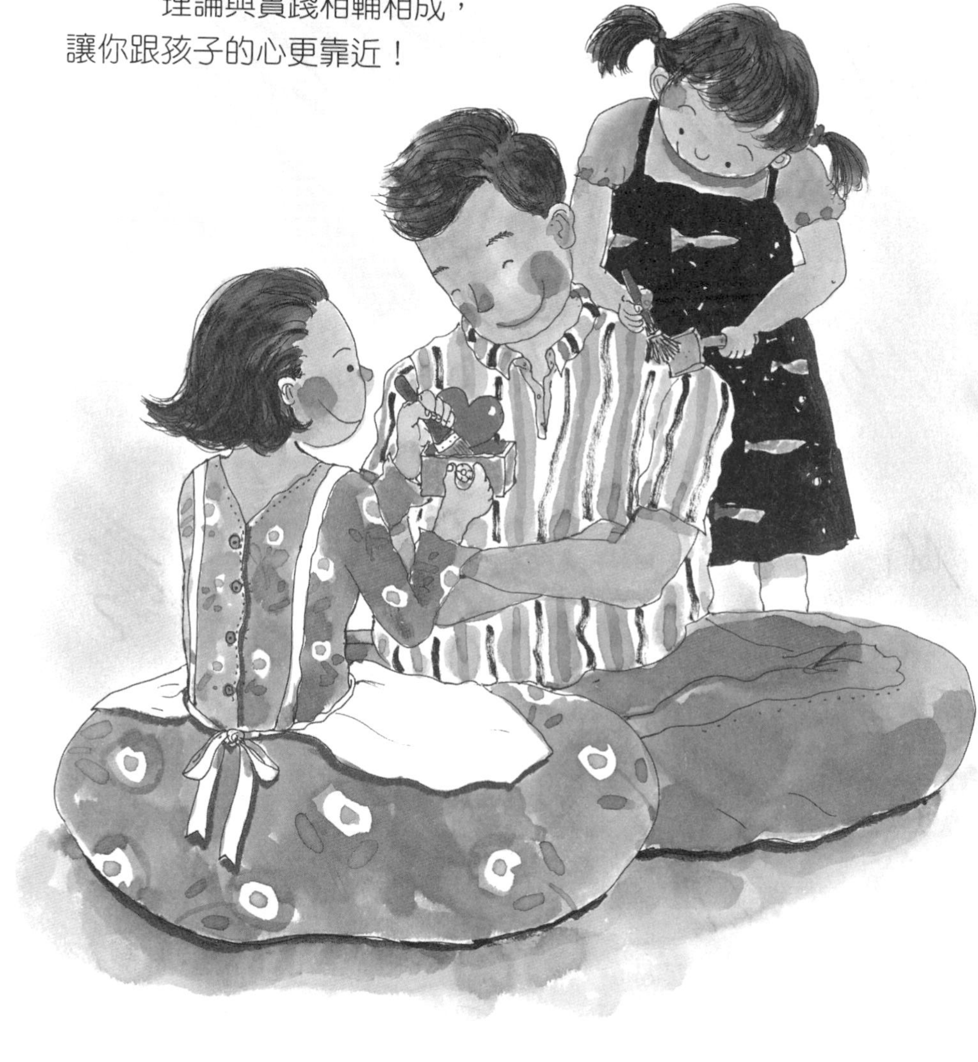

《序》

小心盲點，更上層樓

泰山文化基金會董事　吳娟瑜

懷抱裡的寶貝怎麼啦？

這個時代裡，任何一個初生嬰兒被抱在胸前、摟在懷裡時，沒有一位爸爸媽媽不是充滿著愛心和期待，除了希望孩子健康快樂長大，也滿心渴盼孩子終有一天出人頭地，做一個有用的人。

然而日子一天天過，孩子一天天長大，不少爸媽看到的是「走了樣」的寶貝；孩子不但不懂噓寒問暖，還會頂嘴、甩門、鬧離家出走……

您說，做爸媽的心中將有多失望啊！有一天的演說會後，一對中年夫婦過來請教。我看到他們衣著樸實、面容焦慮，一問之下才知道——原來，他們的寶貝兒子在國中三年級以前是個用功讀書、孝敬爸媽的乖孩子；由於沒考上理想高中，只好進到一所專科學校就讀。校內嬉鬧的孩子多，他們的兒子耳濡目染，一學期後也變成粗聲粗氣、對父母頤指氣使，這令爸爸媽媽太痛心了。

也曾有位媽媽告訴我：「女兒高中畢業後，由於考上南部的大學，於是離家住校；沒想到，她第一個返家的星期日竟然對著我又哭又鬧的說『妳要把我的十八年青春歲月還我！』」

原來，女兒和同學們相處後才發現，從小被媽媽管得太嚴格了，不但要補習、上才藝班，還不可以和同學逛街、看電影；女兒認為她以前白活了，因此和媽媽鬥上。

媽媽在電話那頭，既沮喪又洩氣的問我：「吳老師，我那裡做錯了嗎？我這樣做，不都是為她好……」

現代父母的三大盲點

現代父母由於生得少，大家拚足了勁，渴望教出優秀的子女，最起碼是長大後不會給家裡添麻煩的孩子。

不過，說也奇怪，不管怎麼努力，親子關係多少還是會出岔；不管怎麼使勁，孩子的表現總是讓爸爸媽媽不滿意。

這其中，爸媽可能有如下三個盲點：

第一、爸媽沒有做到軟硬兼施

教養孩子時，有的過度軟化——用哄的、用捧的，讓孩子無法無天了；有的正好相反，是過度強硬——用罵的，用打的，讓孩子懷恨在心。究竟要如何做到可以有說有笑，但是又能配合家庭的遊戲規則呢？

第二、爸媽沒有做到收放自如

教養孩子時，誤以為做孩子的好朋友才是上策，卻鬆手過多，成為放縱；也有的則是把孩子拉得太緊，彼此關係變成過度緊張而互相喘不過氣。

第三、爸媽沒有做到見微知著

教養孩子時，沒想到不同的孩子需要不同的教法，也沒想到每個孩子在情緒變化的時候、在低聲不語的時候，或是握緊拳頭、怒目相視的時候，其實都有著渴望被理解、被包容的蛛絲馬跡；可能是因為太匆忙或是太緊張了，孩子求助的訊息，霎時之間就淹沒在怒罵或頂嘴的聲浪中。

新的引導、新的成長

其實，不要太苛責現代的父母了；為了養育孩子、給孩子更好的生活條件，他們已經夠努力的工作，夠用心的成長。現在，只要再多多充實，再多多學習，就可以更上一層樓的改善親子關係了。

本書收錄的八篇文章，可大致分為三大類型：

第一類：前瞻性觀念引導

李偉文老師〈培養孩子未來的競爭力〉一文，把孩子的眼界拉高、拉遠。他提醒我們為人父母者，要明白「我們的孩子未來必須和全世界同年齡的孩子競爭」；所以，孩子需要及早培養如下的能力：一、溝通和團隊合作能力；二、想像力和創造力；三、保持求知的熱情；四、在愛與安全感中成長；五、自主學習。

蕭文教授主講〈教養孩子的快慢哲學〉，也是建議父母要多給孩子親身體驗的機會，鼓勵孩子發問找答案，讓孩子多遊戲、多體驗，培養孩子有所快、有所慢。他特別強調：「每個孩子都有自己的獨特性，唯有在成長過程中放慢速度才能發掘出來。」

孫台鼎教授的〈談「情」說「意」話態度〉，則提及完整的教育有三大目標，第一是「教認知」，第二是「教技能」，第三是「教情意」。他特別強調「情意教育」的重要性，認為每個孩子除了知識吸收和技能訓練，更需要將情意（例如：價值、意義、態度、興趣、習慣、熱情）融入教學和互動之中。

第二類：啟發性方法引導

這類型的內容強調教養子女的具體方法。例如，方蘭生老師的〈親子情，幽默心〉，提供了許多親子幽默共處的方法，並提及他對親子關係的「八字箴言」——有管、有教、有說、有笑，短短幾個字即道出了親子教養的藝術。

陳清泉老師的〈如何賞識你的孩子〉，提供「賞識八大原則」——要客觀、要具體、要及時、只要微小的進步就要鼓勵、要選擇適當的辭彙、運用肢體語言靈活應用多樣的方法獎勵孩子，以及賞識要發自內心。

林祺堂老師在〈正向心理在親子關係的運用〉，則提到「愛語要練習二十一遍以上」，還有三個練習方法：一、把抱怨轉成期許；二、將指責轉成鼓勵；三、將擔心轉成祝福。

第三類：多元性互動引導

本書有兩篇偏向這種內容，提供了多角度的探討，點出了事出有因的各種可能性，讓讀者的思考更開闊，處事更有彈性。

李宗燁老師的〈家庭關係的滋養與減壓〉點出了，不要只為「生存、生計的領域」（目標取向）來要求孩子，不妨從「生活的領域」（關係取向）來和孩子互動。

李老師建議：「在生活的領域裡，我們要顧慮彼此的感受，在乎的是你的想法和我的想法如何，不在乎有沒有達到目標……」如此一來，親子關係更有精神層次的交流，也更有互相尊重的空間出現了。

拙作〈讓生命來點柔軟〉，也是屬於多元角度（廣）再內縮至「近」來探討親子關係，希望從七字訣：「切、寬、面、心、意、大、開」來找回親子共同成長的動力，並且樂意成為更柔軟自己、善待他人的人。

忝為主講人之一，也身為泰山文化基金會董事之一，除了感激慈濟傳播人文志業基金會熱心合作彙編成書，也對泰山文化基金會能策畫本書出版感到欣喜。

泰山文化基金會成立二十餘年來，對親職教育非常關心，經常舉辦講座，幫助了很多家庭解除他們教養上的焦慮及困惑；今又彙編成書，讓大家也能夠從字裡行間重新省思，找到調整改進的方向。

相信各位讀者捧讀之餘，都有再次成長與學習的欣喜，並且樂意在家庭關係、親子互動上更進一步的共同成長。

祝福大家呵！

親子情　幽默心

要做好親子關係，父母一定都要有「雙重人格、雙重角色」。常聽人家說，往往是爸爸扮演黑臉，媽媽扮演白臉；但我的看法是，爸、媽通通都要是黑白雙臉。因為，有時候你要管教他們，有時候則要放下父母的身段和角色，和他們有說有笑的打成一片。

文化大學大眾傳播系兼任教授　方蘭生

在孩子的成長階段裡，我最佩服的是國中老師，最同情的是國中家長，因為他們要跟處在叛逆期的孩子鬥智又鬥力；好不容易等到兒女終於脫離叛逆期了，很可能爸媽就要進入更年期了。

其實，我更同情的是國中學生。根據調查，臺灣的國中生正被壓在四個字底下動彈不得：前兩字是「念書」——在學校念、在家裡還得繼續念；後兩字是「被念」——在學校被念，在家裡還得繼續被碎碎念。

有一個根據全亞洲主要國家所進行的親子關係評比，以「A—優良」、「B—尚可」、「C—不及格」、「D—差勁」來分級；結果，臺灣的媽媽拿到C，爸爸則拿到更慘的D。這真是個令人難以置信及接受的結果啊！論文化、經濟、社會制度、教育程度等，我們就算不是全亞洲排名第一，也要比大部分國家來得強，居然會拿到C和D這樣低的成績；進一步探討，原因正是我們的親子關係中缺少「應該有的互動」。

新聞上又說，目前國中生和小學五、六年級生最喜歡上網；好的方面是上網找資料、做功課，不好的方面是上網聊天；往往是因為他們跟爸媽聊不來，只好上網找網友聊才輕鬆愉快。由此可見，臺灣的親子關係已亮起了紅燈，而其主要原因就是父母不懂如何與子女溝通。

親子關係「八字箴言」

臺灣的親子關係早就被諷刺成「提款機關係」——爸媽變成孩子的提款機，需要錢時就找爸媽講話拿錢，其他時候他們寧願上網找朋友聊天，也不願跟爸媽多溝通。這種情況下怎麼是好？

父母對教養子女的共同心聲有三：一、凶也不是，講也不聽；二、小孩愈來愈沒大沒小；三、不知道小孩在想些什麼。臺灣青少年問題產生的最主要因素之一，就是家教；因此，很多家長心急如焚的問：如何做好親子關係？

我對於做好親子關係有個「八字箴言」，就是：有管、有教、有說、有笑。

這八字箴言說得簡單，做起來真不容易。尤其，大多數學校明明提倡五育並重，卻是智育掛帥、只重升學主義，德育每下愈況，群育不受重視，體育就更差了——在全亞洲，我們的學童體重最重，體育也最差；至於美育，比起日本、韓國、新加坡都差了一大截。

在群育方面，小學老師們發現，現在的孩子比較自我，與同儕互動、共同合作的能力比較弱。至於德育，「四維八德」是我們從前最耳熟能詳的中心德目，一進校門就能看到高懸著「禮義廉恥」的匾額；但是，現在的國小生大都不知道所謂的「四維」就是「禮義廉恥」。

我們的倫理與道德愈來愈差，就是因為智育掛帥、升學主義領導教學；爸媽只要孩子用功讀書，似乎其他都不重要了。這些學校和家長都不重視的課題，便是我們今天要談的重點。

今天不談智育，並不是說智育不重要，只是千萬別忘了要五育並重。請爸媽回想一下，孩子從幼稚園到小學到國中乃至高中，這麼漫長的成長過程中，和爸媽最有說有笑的是什麼時候？我想，答案絕對是幼稚園。

孩子一從幼稚園的娃娃車下來，立刻衝進家裡喊著：「媽咪、媽咪，我回來了！」然後開始嘰哩呱啦的不停說著今天發生的趣事、吃到好吃的東西、學到的歌、跳的舞，還會馬上表演給爸媽看，天真浪漫的有說有笑；這是因為，這段時間沒有成績和名次，沒有國英數和段考。到了小學一、二年級時不時還會跟爸媽說點話，到三、四年級就沒什麼話了，五、六年級話更少；到了國中就只有兩種對話，爸媽對子女講的是：「國數英考幾分？」「第幾名？」小孩也只跟父母講：「明天要交補習費」、

「我的耐吉球鞋壞掉了……」

所以，臺灣的親子關係早就被諷刺成「提款機關係」——爸媽變成孩子的提款機，需要錢時就找爸媽講話拿錢，其他時候他們寧願上網找朋友聊天，也不願跟爸媽多溝通。這種情況下怎麼可能有說有笑？再加上要管又要教，真是難上加難啊！

注重幽默感

很多父母不會講好聽的話，更不會說好笑的話；反而都是講負面的評語，像是罵孩子笨或愛跟別家的小孩比較。這種親子之間的對話，如何能和孩子有說有笑？

人和人之間最短的距離和最佳狀況，就是在一起有說有笑，不論是親人關係、鄰里關係或同事關係；一起喝咖啡、有說有笑時，表示關係很好，不然大家就會繃著臉。想想看，在我們的家中，吃飯時是什麼樣的氣氛呢？

怎樣才能「有說有笑」呢？例如，我們都喜歡聽好聽的話語，即使明知是客套話、場面話，但聽了還是會心花怒放。比方說，我太太和許多資深美女一樣，都怕聽到「老」字；於是，我不但儘量避諱，還會用心思讚美，找適當的時候、適當的氣氛，讓她覺得自己真的看起來變得年輕多了。她聽了開心，我也高興，何樂不為呢？

但是，很多父母不會講好聽的話，反而都是講負面的評語，像是罵孩子笨哪、或跟同事或鄰居的小孩比較。這種親子之間的對話，真的很難有說有笑啊！

再舉個例子。目前臺灣的大學高達一百六十二所，以人口比例而言，高出瑞典、瑞士好幾倍，可以說大學太好考了。有個朋友的寶貝兒子都在玩而不讀書，最後居然沒考上大學；朋友氣壞了，請我去開導他兒子。

我一見到這名年輕人向我點頭行禮時，馬上嚴肅的說：「請你站好！」那孩子嚇一大跳，現場氣氛立刻僵了起來。我接著說：「你向我敬禮幹嘛？應該是讓我向你致敬才對！」然後我正經八百的向他們解釋：「你們知道嗎？這年頭想考不上大學太難了！我想找到落榜的人，怎麼都找不到，今天好不容易碰到一個，真是太難得了啊！絕大多數人都是隨便寫寫就考上了，你竟然有辦法考不上，這真的太厲害了！快告訴我你是怎麼辦到的……」這番話讓那孩子滿臉通紅。

我這是反諷式的幽默；人都有羞恥心，這些話讓那個孩子自己覺得不好意思了。接下來，我就好好跟他聊聊；結果，第二年他就考上大學了，而且讀得相當不錯。

所以，有時候父母一直碎碎念是沒用的，用開玩笑的方式反而比較有效果。你我都有經驗，父母跟孩子最常說的兩句話就是「過來，我跟你說」、「你給我聽好」，孩子一聽就傻住了；然後，父母便叨叨念著：「我們小時候哪像你們現在……」其實，孩子最討厭聽到父母或老師開口就說：「想當年……」

不過，話說回來，聽多了好聽的話，久而久之會有個後遺症，容易自以為真有那麼好。多年前我到臺南演講，在飛機上被空姊認出來，過來向我致意，並說：「方教授，早知您搭這班飛機，我就把您那本書帶來請您簽名。」這話說得我多麼開心啊！下飛機後搭計程車到目的地，司機「也」認出我來，糗的是這回他認錯人了；但我將錯就錯，與運將大哥聊起天來，兩人有說有笑，毫無距離。

我們和一個陌生人都可以有說有笑、毫無距離，在五倫裡面最親的一倫——父母和子女——更應該能說說笑笑、親密無比才對；可是，臺灣的爸媽只注重功課，考了九十八分或考了第二名以上，才會跟孩子說說笑笑。

換句話說，在日常生活中，我們很不注重幽默。其實，人們喜歡聽好聽的話，更喜歡聽好笑的話，這比好聽的話難度更高；因為，若是講了自認好笑的冷笑話，在場的人完全不捧場，場面會更尷尬。

有非常多針對臺灣親子關係的調查顯示父母與孩子的想法差異。比方說，父母和子女最常從事的休閒活動竟然是「看電視」；但是，孩子最期待和父母從事的休閒活動其實是「戶外活動」。孩子希望爸媽帶他們出去打打球、游泳、爬山等戶外活動，甚至shopping、看電影，但很多爸媽都做不到。另外，孩子最討厭父母對他們做的事可多了，例如：最討厭爸媽逼著考前三名、最討厭每次都拿成績和別人比、最討厭同學打電話來時說他不在、最討厭亂翻他的抽屜……

我研究臺灣的親子關係和家庭關係，看過許多調查資料，居然沒有任何有關於說笑及幽默的調查；研究者從來不問小朋友認為爸媽幽不幽默，不問太太認為老公風不風趣，不問先生認為老婆幽不幽默，好像說笑及幽默不存在似的。

可是，根據美國家庭研究的調查，風趣幽默，是全家最重要的活力來源！中國大陸在十多年前就做過幽默感的調查；南開大學社會系到天津找了兩千個家庭抽樣，也到北京找了兩千個家庭抽樣，結果兩地的調查結果一模一樣：有六成的老婆認為老公沒有幽默感，有八成的老公認為老婆沒有幽默感；而認為父母沒有幽默感的孩子，竟然有九成之多。

臺灣和大陸不注重幽默感的原因，正是因為過度注重分數和功課，令幽默感變得微不足道；然而，在美國，幽默感是家庭和樂相處的最主要動力啊！

諧音的幽默

從孩子讀幼稚園大班時，我就開始跟他們講笑話。有一次，他們見我又打扮得人模人樣，便問我又要去演講嗎？我鄭重的告訴他們：「爸爸今天晚上要到苗栗通霄演講。」他們兩個傻住了，頻頻說：「啊！爸爸你為什麼要講通宵？人家不是會聽到睡著？」

不過，各位千萬不要因為我強調幽默感的重要性、又想做好親子關係，回家就馬上猛對孩子講冷笑話，這很可能會適得其反。因為，好聽的話不難講，只要發自真誠，就能表達出來，但幽默感並非如此。比方說，今天你聽我講了個笑話覺得很好笑，回去照樣講給家人聽，也未必能引得他們哈哈大笑，因為幽默感是要靠練習出來的。

從我的孩子讀幼稚園大班時，我就開始講笑話；雖然只有短短幾句對白，也能讓他們開心一下。比方說，他們會分析我的穿著：若是穿T恤和牛仔褲，就是到學校去上課；若是穿西裝還打領帶，那就是到外面演講去。他們對臺灣的地理不太熟，只知道基隆、苗栗、新竹、高雄、澎湖等縣市，並不知道銅鑼、阿蓮、溪湖、社頭、二林、二水等鄉鎮；由於他們的好奇發問，笑話就產生了。

有一天，他們見我穿西裝打領帶，就問我是不是要去演講，又問我去哪裡演講，我回答說基隆；他們知道基隆這地方，所以一直叮嚀我演講完要到廟口帶點甜不辣回來給他們吃。某一天，我說我要去後龍演講，他們兩個就傻住了，以為後龍在基隆後面呢！

又有一次，他們見我又打扮得人模人樣，便問我又要去演講嗎？我鄭重的告訴他們：「爸爸今天晚上要到苗栗通霄演講。」他們兩個又傻住了，頻頻說：「啊！爸爸您從來沒有講過通宵，為什麼要講通宵？人家不是會聽到睡著？那麼，您是明天早上才回來嗎？」我卻接著說：「你們兩個聽好嘍！爸爸下禮拜還要去南投水里演講呢！」「那不是要穿泳裝嗎？」

以上那種關於地名的笑話，我們稱為「諧音笑話」。在孩子的生活中，這種諧音笑話非常多，只是父母從來都不看重罷了，但我非常注重。我教書時特別注重學生有沒有幽默感；具幽默感的學生，對我的授課內容的理解力、領悟力和接受度都比較高。所以，我在上課之前，也喜歡測驗一下學生的幽默感。

有一回我就講了這麼一個笑話：

臺灣人壽和美國人壽合辦去墾丁國家公園旅行三天兩夜，全員將近兩百人，從臺北搭飛機南下，機上全是他們的團員，簡直像包機一樣。一到小港機場，三、四個接待人員早就在出口處等他們了；外面也有四部遊覽車在恭候，紅色遊覽車貼著「臺灣人壽」，藍色遊覽車貼著「美國人壽」。

接待人員在出口處看到一位男士走出來就問他：「臺灣人壽？美國人壽？」男士回答：「我臺灣人壽！他們兩個也是！」這三人便被領上紅色遊覽車。接著是一位小姐走出來，接待人員又問：「臺灣人壽還是美國人壽？」小姐回答：「我們都是美國人壽！」這群人就被帶上藍色遊覽車。後來，有一個歐巴桑走出來，接待人員就問：「請問是臺灣人壽還是美國人壽？」歐巴桑皺著眉頭，納悶的回答：「我覺得印度人比較瘦！」

這是我五年前編的笑話，每次講都能贏得不錯的「笑」果，可見大家都很有幽默感。這個笑話的起源是：有一回，臺灣人壽打電話要我做五大場演講；對方在電話裡一開始怕我聽不清楚，就大聲說：「我們臺灣人壽……」我就回他：「我告訴你呵，我們現在外省人也很瘦啦！」就這樣幽了他一默。

這笑話我測試了五年，發現聽眾的回應可分為A、B、C三種，你可以看看自己是哪一種。A是馬上笑，表示反應非常快。B是聽完印度人比較瘦後，要停頓差不多兩秒才笑；這樣的人通常精神比較緊繃、工作壓力比較大，他們的親子關係也會稍差一些。警察、軍人、以及情治單位如調查局、國安局、軍事情報局等，在我講完印度人比較瘦以後，全場先是一愣，然後才恍然大悟的哈哈大笑。

C則是完全不笑；聽完印度人比較瘦之後，只是盯著我看，彷彿在跟牆壁講話一般。我到各地監獄去為受刑人演講時，就常遇到這種毫無反應的表情；我之後又使盡渾身解數耍幽默後，他們才會一陣騷動，大家碰來碰去的互問：「聽演講可以笑嗎？」

為什麼臺灣人壽和美國人壽之間，會蹦出個印度人比較瘦呢？那當然是因為諧音的關係。在所有笑話裡，最多的就是諧音笑話；因為這會造成你問東、他想成西，這就產生「笑果」了。至於那位歐巴桑為什麼會回答印度人比較瘦呢？

原來，前一天晚上，歐巴桑在家裡被讀小學的女兒問的「腦筋急轉彎」考倒了。她女兒先問她：「一個糖果和一個巧克力在比賽，結果糖果贏了。請回答一種吃的東西。」媽媽回答不知道。女兒說：「這好簡單耶！糖果贏了，就是巧克力『輸』嘛！妳沒有吃過『巧克力酥』嗎？」媽媽這下才恍然大悟。

接著女兒又問：「第二天，糖果和巧克力又比賽了，結果這次糖果輸了。請回答一種吃的東西。」媽媽還是不會。女兒回答：「這也很簡單啊！糖果輸了，就是巧克力『棒』嘛！妳沒有吃過巧克力棒嗎？」這位媽媽被這種諧音的腦筋急轉彎問得快抓狂了，所以一出飛機被問到是臺灣人壽（瘦）還是美國人壽（瘦）時，自然反應就是乾脆回答印度人比較瘦啦！

另外還有文字諧音笑話。有位記者到拉拉山風景區去採訪水蜜桃盛產情形，在沿途看到好多販售水果、土產的攤販在賣水蜜桃，招牌上都大大寫著「俗啦」；這位記者還看得懂閩南語的「俗啦」就是很便宜的意思。但是，當他看到大大的「很慢的」就丈二金剛摸不著頭腦了；他好奇的問老闆是什麼意思啊？老闆哈哈笑說：「連『很慢的』都看不懂，你有沒有讀書啊？這個就是『現挽（採）的』（閩南語諧音）意思啦！」

幽默感的幼苗

有一天，小玲放學回家，說她今天學了一首兒歌，要唱給媽媽聽。她才開口唱第一句，媽媽的圍裙就掉了下來。小玲哈哈大笑說：「媽咪真好玩！我一唱歌，您就跳脫衣舞！」媽媽一聽竟然……

親子之間能夠有說有笑的幽默互動實在太多了，只是我們不注重而已。有人說我們東方人不像西方人那麼有幽默感；錯了，上帝對人類太公平了，不管東方或西方，小孩子都有幽默感，特別是讀幼稚園甚至讀幼稚園之前的孩子，他們都很有幽默感；所謂童言無忌，他們看到什麼就直接講出來，完全出乎大人的意料，常常令人捧腹大笑。

孩子的童言無忌，正是幽默感的幼苗在發芽；只是，這些幼苗在家裡被父母摧殘掉了、在學校也被老師摧殘掉了啊！例如，有兩個同齡的小朋友：小玲在臺灣讀幼稚園中班，瑪麗在美國的洛杉磯讀中班，兩人都有幽默感，因為她們童言無忌，看到什麼就講出來。

有一天，小玲放學回家，媽媽正圍著圍裙在炒菜，一邊問小玲今天上學的情形。小玲說她今天學了一首兒歌，要唱給媽媽聽；她才開口唱第一句，媽媽的圍裙就掉了下來。小玲見狀便哈哈大笑說：「媽咪真好玩！

我一唱歌，您就跳脫衣舞！」這是個很幽默的回應，完全無傷大雅；但媽媽不懂幽默，拿起鍋鏟做勢要打人說：「妳再講什麼脫衣舞，我就敲下去呵！」孩子幽默的幼苗就這樣被摧殘了。

兩年後，小玲上小學二年級。有一次，老師寫黑板時，不小心粉筆斷了而滾到地上，老師忙著去撿而跌個四腳朝天，全班哄堂大笑；小玲又說：「粉筆有腳耶，老師跑不過粉筆啊！」老師便氣沖沖的說：「我讓妳頭上有『角』啦！」就往小玲頭上敲下去。小玲的幽默幼苗又在學校被老師給摧毀了。

同樣的事情發生在美國的洛杉磯。瑪麗搭娃娃車回到家，馬上衝進廚房跟媽媽說她在學校新學了一首兒歌。圍著圍裙正在炒菜的媽媽聽瑪麗唱第一句時，圍裙便掉下來，瑪麗一樣發揮幽默感說：「媽咪好好玩，我一唱歌您就跳脫衣舞！」這位媽媽不但沒拿鍋鏟嚇她，反而說：「這只是跳脫衣舞；如果妳爸爸再一唱，媽媽就會跳鋼管舞呢！」母女倆笑成一團。

兩年後，瑪麗上小學二年級，老師一樣在寫黑板時粉筆斷掉而滾到地上，老師忙著去撿也一樣摔跤了，全班哈哈大笑，瑪麗和小玲講的話一模一樣：「粉筆有腳，跑得比老師還快呢！」老師聽了之後笑著說：「粉筆今天有腳，明天會有翅膀呵！」全班笑得更開心了。

小玲的幽默感被摧殘，瑪麗的幽默感則是被鼓勵與肯定的。

爸媽的黑白雙臉

常聽人說管教孩子時，爸爸扮演黑臉、媽媽扮演白臉；但我的看法是，爸媽通通都要是黑白雙臉。因為……

據我所知，全臺灣的國中生在學校裡最快樂的時光應該是午餐時間；雖然下課時間也很快樂，但時間太短了，只有午餐時間可以一邊吃飯、一邊和同學聊天。不過，聽說現在有些老師會坐在教室裡和同學們一起吃午餐。我想，孩子們好不容易有段時間能脫離老師的注目，老師就別跟學生一起吃飯了，讓他們輕鬆的有說有笑吧！

臺灣的家長大多比較嚴肅。孩子放學回來，若急著跟媽媽說：「我告訴妳呵，有件事超好玩、超好玩、超好玩的！」連講三個「超好玩」，媽媽的眉頭都皺起來了；因為媽媽不喜歡聽「超好玩」的事，只關心孩子的國數英，所以愈聽愈不耐煩，就打岔問他今天數學考得怎樣。這麼一來，他原本興致勃勃的要把一天中最有趣的事獻寶般的說給媽媽聽，希望媽媽也能同樣分享這分趣味，這股熱情卻被媽媽的態度和反應給澆熄了。

如果我是這位媽媽，我一定很仔細聽，還會表現出好奇的催促孩子快講，聽完後也一定跟孩子一起哈哈大笑。親子若能這樣的有說有笑，親子關係一定好。

若被爸爸或媽媽潑過幾次冷水，以後孩子在學校裡、或在電視及電影上看到、聽到好玩有趣的事情時，就不會再跟爸爸、媽媽講了，因為那只會自討沒趣；所以他們喜歡找同學講，因為有共同的語言和興趣。

從前有人主張，管教孩子時，父母要扮演所謂的「黑臉」；但是，和孩子有說有笑時，就要將「黑臉」轉變成「白臉」，要變成孩子的兄弟姊妹或同學一樣，才能夠和他們打成一片。

我認為，要做好親子關係，父母一定要有「雙重人格」，能扮演「雙重角色」。常聽人說家裡是爸爸扮演黑臉、媽媽扮演白臉；但我的看法是，爸媽通通都要是黑白雙臉。因為，不論是爸爸或媽媽，有時候要嚴格的管教孩子，有時候則要放下父母的身段和角色，和他們有說有笑的打成一片。

我的兒子和女兒就是從幼稚園大班起聽我講笑話長大的；所以，他們兩個現在不但愛講笑話，而且套句他們的語言，叫做：「超會講！」

一個有幽默感、會講笑話的小朋友，立即得到的好處就是人緣好；像我的孩子，他們都有一大堆朋友，大家都喜歡找他們玩。第二個好處是獨立性強，第三是抗壓性強。我常跟我的孩子說，你們全臺灣去哪裡找像我這樣從小就愛跟你們講笑話的爸爸呀！他們很同意，因為他們的同學的爸爸都不大跟他們說笑的。

不過，他們也會反過來說我很有心機，說我常常跟他們說笑話，其實是把他們當白老鼠！哈，這倒是說對了！我說過，好聽的話好說，但笑話並不容易講；所以，在我對外演講說笑話前，絕對先經過一道程序，就是在家裡講給孩子聽；他們若聽了哈哈大笑，那我在外面說笑就能暢行無阻；近二十年來，屢試不爽。我每回演講回來，他們也會問我今天的笑話「笑果」好不好；就這樣，我們又說說笑笑起來。如果我的反應是：「問那麼多幹嘛？去做功課！」那麼，親子之間就沒話好講了。

我們的世界不見得事事都要讓孩子瞭解，但我們則要儘量去瞭解孩子的世界，知道他們在學校的狀況、他們的流行語、他們的興趣和想法等；我們愈瞭解，才愈有話題跟孩子聊，而且會愈聊話題愈多。

我很常帶孩子去看電影；曾經有一年，我們一起看了六十二部電影，所以有很多共同的話題，話匣子一開就聊不完。

前面我們提過，現代有很多父母已經變成了提款機；幾年前，歌手張震嶽還唱了一首歌，歌名就叫〈我要錢〉：「喔，媽媽，我要錢；喔，爸爸，我需要你的錢……」有一天，女兒來向我要數學的補習費；我就把衣服攤開來，對女兒說：「按啊、按啊！密碼要按對呵！」結果女兒還配合演出，煞有其事的按密碼，還發出按鍵聲和發鈔聲，然後從我的口袋裡摸出錢來。我們父女很有默契的玩起「提款機父母」和「我要錢」的遊戲。

為什麼要講這些點點滴滴？我是藉此說明要和小孩子培養有說有笑的對話習慣，話題要彼此雙方都覺得有趣；透過這些說說笑笑，能幫助爸媽瞭解孩子和同學的相處狀況，得知他的價值觀，從互動中還會不斷蹦出好玩的、幽默的事情，這真是太重要了。

翻臉像翻書

父母及師長道貌岸然的時代已經過去了。我們當然不是要一天到晚嘻皮笑臉，因為我們還要管教孩子，管教時還要翻臉呢！但要記得翻完臉後馬上再翻回來和他們打成一片。

在大學裡上我的課很自由，因為我不點名，只有一件事要求嚴格，就是一定要關手機。有一回上一年級的課，照樣是事先聲明上課必須關手機。整學期都秩序良好，直到學期末的某一天，突然有個女學生的手機在上課時響起；當時全班都嚇一大跳，包括我在內，還聽見同學竊竊私語的說：「死定了！死定了！」那女學生臉色發白，立刻要關上手機，還因為太緊張而將手機掉在地上，慌亂的撿起來後才關上。全班的氣氛為之凝重。

我該如何處理呢？我若是置若罔聞，我立的規矩就蕩然無存了，從此後患無窮，上課時一定手機鈴聲不斷；我若嚴厲處理，馬上處罰那名女學生，不但會破壞上課氣氛，也會破壞我和學生的互動關係；若互動不佳，學習效果也鐵定不佳，那就違反了我的原則。所以，我選擇第三種方式，也是最受學生歡迎的方式：輕鬆幽默的處理。

當時全班都看著我，氣氛十分凝重；我拉下臉來，大吼一聲：「你們知不知道剛剛是誰打電話給那位女同學？」全班傻住，沒有人能回答這問題。有同學問：「那老師你知道嗎？」我抓住機會說：「我當然知道！

我保證那通未接電話一定是她媽媽打來的；她媽媽一定是要交代她，記得上方老師的課要關手機呵！」全班隨即哄堂大笑，然後掌聲如雷。這麼一來，我自己也有臺階下了。

總之，日常生活上能夠引起我們幽默談笑的事太多了，不要一天到晚只會叫孩子背書、做功課。根據統計，孩子畢業後，對於事業的成敗，當初在學成績的影響力平均只不過占百分之十五而已，但德育和群育的好壞——我們之前提過，有幽默感的人，人際關係比較好——其影響力高達百分之八十五以上。換句話說，臺灣的父母似乎數學有點問題，居然只注重那百分之十五，然後對於重要的百分之八十五視若無睹。在美國職場上，他們發現，不論是主管或基層人員，有幽默感的人，他的工作表現一定比那一天到晚板著臉的人要優異很多。

大學生目前最崇拜的教授排行榜第一名，就是風趣幽默型的教授；幽默心就是赤子之心，也是悅人之心。美國鼓勵老師們用幽默風趣的方式教學，而學生也最討厭整天板著臉的老師，也不再聽那些「現在的學生程度愈來愈差」、「一日為師，終身為父」這些陳腔濫調了。

父母及師長道貌岸然的時代已經過去了。我們當然不是要一天到晚嘻皮笑臉，因為我們還要管教孩子，管教時還要翻臉呢！但是，要記得翻完臉後要再和他們打成一片。我女兒在國中時就偷偷跟我太太說：「媽，妳有沒有發現爸爸翻臉跟翻書一樣！」

我勢必要翻臉就跟翻書一樣啊！否則，我這既要管教又要說笑的角色怎麼扮演？所以，在孩子需要管教時，父母該翻臉就翻臉；然而，翻完後要記得馬上再翻回來和孩子說說笑笑呵！這就是我們的親子情、幽默心。

親子格言

◎親子關係「八字箴言」：有管、有教、有說、有笑。

◎我們的世界不見得事事都要讓孩子瞭解，但我們要儘量去瞭解孩子的世界，知道他們在學校的狀況、他們的流行語、他們的興趣和想法等；我們愈瞭解，才愈有話題跟孩子聊，而且會愈聊話題愈多。

家庭關係的滋養與減壓

我們是不是把重視生存能力變成慣性思考模式了？需要這麼擔心孩子的競爭力嗎？其實，當孩子遇到挫折時，若爸媽能夠同理他，他就能感覺到自己的價值，而這個價值跟支持就會引導出他的生存意志，這對他的幫助是更長久的。

東吳大學健康暨心理諮商中心兼任輔導員　李宗燁

半年前，怡安經常和女兒起衝突，母女關係簡直降到了冰點。有一天，孩子放學回家，先是要求吃點心；邊吃邊玩的吃完點心後，怡安本以為孩子會開始寫功課，沒想到她又拿出課外書，津津有味的看起來。怡安忍不住問她：「今天沒有功課嗎？」女兒頭也不回的說：「有啊！而且明天要考試。」一副優哉的樣子。

這可不得了！明天要考試，現在還在看閒書？怡安再耐住性子問：「妳準備好了嗎？」女兒沒有回應。這下子怡安可火了，收起她的書，劈里啪啦大罵：「妳到底在搞什麼？點心吃了，也休息夠了，妳什麼時候才要準備功課？明天的考試又要應付應付就好了嗎？每天功課都拖拖拉拉的弄到很晚寫不完才在哭……同樣的事情一再發生，難道妳學不會管理自己的時間嗎？妳難道不知道自己不用上安親班有多幸福嗎？妳有很多的時間可以自由安排，為什麼……」

怡安有點被自己的激怒嚇到。靜下心之後，她發現自己似乎比女兒更擔心功課，好像女兒的成績是她的責任；而且，自己的角色愈來愈像警察一樣，經常在監督女兒有沒有把事情做好，女兒也像小偷一樣的處處防著她或是陽奉陰違。

經過一番學習與探索，怡安發現自己之所以生氣的原因在於，她從小看到姊姊以前因沒有好好用功而挨罵，自己於是養成戰戰兢兢的態度，才不自覺的也要求女兒要積極和負責，看到女兒不在意的態度就會很生氣。

瞭解生氣的原因後，怡安告訴女兒，讀書考試是她的責任；但是，如果她需要，媽媽很願意協助。從此，怡安不再催促女兒，而是傾聽她在學校發生的事；女兒也漸漸負起做好功課的責任，有時還會主動跟媽媽撒嬌，母女之間開始有了笑聲。

以上這則故事，相信很多家長心有戚戚焉。我們能不能像怡安一樣的改善和女兒的關係，讓家庭關係得到滋養與減壓呢？

先將自己照顧好

當身心都處在較佳狀況時，孩子問你一個問題，你會慢慢的、輕聲細語的、有耐心的教他或向他解釋；反之，若因壓力大而心浮氣躁時，很可能三兩下就按捺不住，脾氣跟憤怒就爆出來了。

不論學生、父母、上班族，各行各業的現代人多半感到壓力好多、好大；究竟壓力大到什麼程度？從我傳授他們進行一些抒壓、放鬆的動作時，他們就止不住的頻打哈欠的樣子可以看出。在此，我要教大家一些實用的減壓放鬆觀念與技巧；無論自我抒壓，或者孩子感到壓力大時，爸媽可以幫他做，也可以教他自己做，學會後一生受用不盡。

現代人因為情緒造成的身心症，例如頭痛、拉肚子等，其實都跟身體緊張息息相關；當我們學會這些放鬆技巧，讓身心都感到輕鬆舒適後，我們也會變得更有耐性，跟家人的互動關係自然也更融洽。

生活中這類例子太多了。例如，當你身心都處在較佳狀況時，孩子問你一個問題，你會慢慢的、輕聲細語的、有耐心的教他或向他解釋；反之，若因壓力大而心浮氣躁時，很可能三兩下就按捺不住的說：「很煩呵！」「受不了！」「怎麼這個還不會？」「你怎麼那麼笨！這麼沒有用！」脾氣跟憤怒就爆出來了。

因此，家庭關係的滋養與減壓，其實與我們是否能先將自己照顧好有關；一切關係的基礎就是我們每一個人，所以我們要先學會將自己的身心狀況照顧好。

我先從一個例子說起——

最近聽到一位媽媽表示，在孩子還小時，她想讓孩子學鋼琴；遍訪名師後，總算找到一位合適的老師，於是孩子開始上鋼琴課。不料，幾堂課後，孩子在上課前總是拖拖拉拉的不想去，上課中也經常跑去上廁所。

後來，孩子終於忍不住向媽媽說：「媽媽，我不要去上鋼琴課了！」這位媽媽也不忍心看孩子上得這麼痛苦，就答應孩子不必再去。幾年後，孩子長大了些，發現同學裡有人很會吹笛子、有人很會彈鋼琴，心裡好羨慕，於是跟媽媽說：「媽媽，如果妳當時堅持逼我再去上課，說不定我現在也很厲害了！」

如果你是這位媽媽，你會如何反應呢？是開口大罵：「你怨誰呀！當初是你說不要學，現在又怪我不讓你學！」還是鼓勵孩子：「現在學也不晚哪！」若孩子得寸進尺的說：「媽媽，妳害我輸在起跑點上！」你能不能發揮更大的耐心，好言相勸：「只要你想要的話，就永遠不會嫌遲！」這樣的回應似乎比較恰當。

這個例子清楚說明，現代人往往生活在兩種心態的衝突當中，有時候是自己內心的衝突，有時候是夫妻間的衝突，有時候是親子間的衝突；而引發衝突的心態，則是求「生存」的心態與「生活」的心態。

我們其實是活在兩個領域中，一個是生存、生計的領域，一個是生活的領域。在生存的領域裡，也就是目標取向，以能力或成就為主要關注點，所以我們考慮的是能力夠不夠、有沒有成就，似乎成就愈高、能力愈強，就愈有價值；但是，在生活的領域卻不會如此思考。生活領域裡是關係取向的，在乎彼此的感受或需要，不會因為你的成績好壞或是否富有來衡量你的價值，而是因為你是你，你是獨特的，所以我喜歡你，我在乎你的感受、在乎你的想法。

很多時候，我們就是在這兩個層次裡產生衝突。例如，看小孩念書念得那麼辛苦，就不想逼他，希望他早點休息；但有時候卻會對他說，再認真一點，只要撐過現在這一關，考上大學就輕鬆了。諸如此類，內心就在這兩個思考層次裡衝突不斷。在生存的領域裡，一般只在乎你表現得好不好，而不管你的感受和尊嚴；例如，有些老師比較嚴厲，考不好就少一分打一下，甚至還當眾羞辱。這樣做的目的是什麼？就是要激發出你的能力。有時候這麼做是必要的，例如在軍隊中就必須這樣，無論如何都要達成任務；你不能跟班長說：「班長，我會害怕，所以我不能拿槍！」在生存的領域裡面，你就是要不擇手段的達成任務，個人的感受不重要。

但是，在生活的領域裡，我們要去顧慮彼此的感受，在乎的是你的想法跟我的想法如何，不在乎有沒有達到目標，「喜不喜歡」某件事比是否達到目標更重要。

我們常常在這兩種態度間拉扯。以夫妻關係為例，可能先生屬於重視生存、生計這一方；太太則較偏重生活上兩人的關係，這就容易起衝突了。有些先生對生存懷著很大的恐懼感，於是把心力都放在工作事業上忙忙；重視生活與關係領域的太太就會向先生抱怨：「你那麼忙，都沒有空陪我！」

先生聽到這番話，會覺得不被瞭解而感到受傷，於是回嘴：「我賺錢還不是為了養你們！孩子的學費、保險費，還有……」

太太一聽不得了，自己竟是得了便宜還賣乖；她滿腹委屈的說：「我不要你賺那麼多錢，我只要夠用就好了！」

雙方就這樣你一言我一語，衝突隨時可能爆發。

這不是誰對誰錯的問題，而是每個人的思考方式與立足點不同；我們通常不會意識到自己的立足點，而視一切反應為理所當然。現在，我們就要學習去察覺我們的出發點：是不是擔心我的競爭力不夠，鞭策自己也鞭策對方，因而忽略了他的自尊、他的感受、他的價值？

事實上，我們整個社會的主流價值觀都太過強調要競爭、不能輸，而且不能夠輸在起跑點，要過優渥的生活才能顯示出身分地位，並證明個人的價值與品味；如此一來，難怪大家的壓力都好大啊！

不要過度重視生存能力

我們需要這麼擔心孩子的競爭力嗎？其實，當孩子遇到挫折時，若爸媽能夠同理他，他就能在親子關係中感覺到自己的價值，這個價值跟支持就會引導出他的生存意志，這對他的幫助是更長久的。

有些人完全活在這樣的主流價值觀中，所以不會有自我的內在衝突，但可能變得很主觀理性；例如一位爸爸他只在乎孩子的成績表現。如果他有兩個孩子，有兩種不一樣的個性：一個很乖，認同爸爸的價值觀，肯定「人必須能力好才有價值」；另一個就是不以為然的表現叛逆。對於溫馴的孩子，爸爸會認為是他的教育成功；對於叛逆的孩子，爸爸則會認為是孩子的本質不好，並不會意識到是他的高壓造成孩子的叛逆。

有個算是「乖乖牌」的大學生，周遭的大人都認為他很受教；他卻跟我說他好茫然，總是不知道如何下決定才好。追究原因，發現他的很多行為都要經過爸爸核可才能去做，導致他害怕自己做決定而必須依賴大人的決定。由此看出，其實不會乖乖聽話的孩子，只要善加引導，他們可以慢慢建立起自己的想法，若孩子總是不聽話，其實不必為此生氣；反而對於非常乖順的孩子，特別需要注意——他是不是太依賴你的意見而不敢自己做決定；之所以如此，可能是因為他害怕失去你而總是壓抑自己的想法。

我發現，現在很多大學生都變得很茫然。有一位老師對班上同學進行調查，結果大約四分之一的學生很茫然，做事不太有動力，不知道人生路要怎麼走，感到很挫折。這是怎麼回事？是不是因為整個社會都太過於強調你要贏別人，考試考得越高分才越有價值，所以孩子一路這樣考下來就麻痺了，不但倍受挫折，甚至懷疑自己？如果我們能讓孩子重新理解，考試的成績不佳，有時候是情緒和壓力造成的、或是讀書方法不對，跟智商並沒有關係，不必全盤否定自己，這樣能否建立起他們的自信？

我們整個社會的思考方式都是用一個人的能力來衡量他的價值，比較不會去關心及在乎他的感受；所以，很多父母往往過度擔心孩子的表現，回家第一句話通常便是：「今天考什麼？考哪幾科？考幾分？」而不會去問：「今天在學校有什麼好玩的？遇到誰了？發生什麼事情？」夫妻之間、親子之間，會因為有一方太重視生存的議題，過度的以能力和成就來衡量對方的價值，沒有去在乎對方和自己的感受，就會造成關係緊張。

我們是不是把重視生存能力變成慣性的思考模式了？我們需要這麼擔心孩子的競爭力嗎？其實，當孩子遇到挫折時，若爸媽能夠同理他，他就能在親子關係中感覺到自己的價值，而這個價值跟支持就會引導出他的生存意志，這對他的幫助是更長久的。反過來說，現在一直企圖逼出孩子的能力，結果他變得挫折、沒自信，即便成績被逼得很好，卻一點都不快樂。因為過度強調能力，可能造成關係緊張與彼此挫折；導致孩子縱使有很好的成就，卻沒有主觀滿足感與價值感。

要先滋養自己

請停止否定自己、罵自己、拿自己跟別人比較，如此才能先改善與自我的關係；如果經常拿自己做比較，也就會拿小孩去跟別人做比較，而傷害彼此的關係。

所以，我們應該思考：「為什麼我會有這種擔心？」如果能夠意識到這個擔心的癥結，然後不把擔心當作理所當然，也許就能夠慢慢放鬆下來；當我們處在放鬆狀態，就比較能夠去瞭解自己和對方的情緒，如此才能有效的滋養彼此的關係。簡單的說，就是傷害關係的事情我們要少做，滋養關係的行為我們要多做，這樣關係就會改善了。

製造關係緊張的做法有：批判、否定、比較、過度催促，以及把自己的期待加在對方身上。

經常出現這些行為，兩人的關係就會緊繃、對立並發生衝突。這些衝突不僅出現在與孩子之間、與家人之間，有時候也出現在我們跟自己的關係之間。如果你經常催自己：「我要快一點！不能遲到、不能讓人家等、不能……」就可能會經常催小孩、催你的另一半：「快一點！不要拖拖拉拉的！」會催自己的人也會去催別人，有時候則是倒過來。

有位大學生告訴我，他的父母常常對他說：「我們現在不想再養你了，因為不知道我們老了之後你會不會不養我們，所以不如現在就不要養你！」他的父母過去生活困苦，所以很擔心生計問題；不過，這麼一來，就把壓力加給小孩了，於是經常批判小孩、責罵小孩。

這位學生其實很乖，而且成績經常拿第一，班上只有他獲推薦上研究所，同學都很羨慕他；但他因為常受高壓批判，所以也常常批判自己，總是認為自己一無是處，無法肯定自己。

他說，有時候他爸爸會載他上學，這是他覺得最幸福、最感動的時刻，因為那讓他有被照顧的感覺。

我們要滋養關係，第一步就是先要滋養自己，不要因為職業、收入、住所或是沒達成目標就否定自己；請停止否定自己、罵自己、拿自己跟別人比較，如此才能先改善與自我的關係。如果經常拿自己做比較，也就會拿小孩去跟別人做比較，而傷害彼此的關係。

不要用心中的一把尺來衡量自己與別人；社會之所以充斥那麼多壓

力，就是因為到處都是一把把「打分數」的尺在作怪。比方說，家長不要一碰面就互問孩子的成績、考上哪所學校，這是在拿孩子的成績衡量父母的價值。活在生存領域裡的人比較重視能力，常常拿尺來論斷別人，就會對別人造成傷害。喜歡做比較，只能博得短暫的優越感，大部分時間卻是害怕別人贏過我們，不是嗎？因為整個社會用「比較」這種心態讓大家都承受好大的壓力，並且都對自己不滿意。

就像許多醫學系學生一樣，即便成績優異，若是抱持著比較心態，人上有人，還是會自認不夠好而否定自己並感到挫折，因挫折留下遺憾；將來有一天，這分遺憾就會加到孩子身上。「比較」是扭曲的思考方式，你不去認同它，才能輕鬆下來。因此，很重要的是要先學會滿意自己，不跟別人比較，才會去滿意孩子；而當你對孩子滿意時，他也會滿意他自己。當孩子有健康的自我價值和自尊以後，他在念書的時候就會比較輕鬆愉快；很多時候，孩子的學習情況差，是因為背負太多的情緒和壓力，進而造成惡性循環。父母若能接納自己、接受孩子，不做比較，對自我關係與親子關係都會有正面幫助。

我們往往喜歡催促自己，發現哪一方面不如人就催促自己更努力的達到目標；可是，越催促就越生氣，因為我們總是達不到標準。催促的背後就是擔心跟焦慮。我們整個社會都有很強烈的催促習慣，很多人得到所謂的「催促病」：催孩子起床，然後催促著快上學；孩子回家後催促快洗澡、快寫功課，然後快快上床睡覺……整個生活節奏就是習慣性的快、快、快！不只做事如此，連出遊也是，玩完一個景點後，又要趕去另一個景點。難怪有個廣告要問：「你累了嗎？」

「催促」讓家庭充滿緊張跟對立的氣氛，快的人受不了慢的人；但是，如果父母能夠先慢下來，就會有心情和餘裕去跟孩子聊聊在學校發生的事，親子關係自然就能漸入佳境。催促讓我們活在緊繃而無法放鬆的狀態，不但扼殺人與人之間的相處品質，也讓人跟自己的情緒與身體脫節，當很急、很累時就用意志力在硬撐，撐到後來身體就垮了。

我們往往也會未經過討論就把自己的期望加到對方身上，這當然會製造緊張關係。例如，父母由於以前沒考上英文系，充滿遺憾，就非要小孩念英文系不可，卻不問他喜不喜歡、願不願意。我們要去檢視我們內在是肯定自己的聲音或催促自己的聲音？我們要努力去瞭解該如何對自己好一點；因為，當我們對自己好的時候，也會較輕鬆及容易接納別人。

要滋養關係，最重要是必須察覺，要意識到做出某種行為是傷害自己還是傷害別人。許多時候，我們都是無意識的進行慣性反應；要改善關係，就要有察覺，不要把自己的反應視為理所當然。

生氣背後的意涵，通常是期望、擔心和傷害。比方說，媽媽總是擔心小孩遲到，把對遲到的擔心視為理所當然；其實，這只是媽媽的反應，並不一定是事實。又例如，要孩子寫功課，孩子沒有馬上辦，大人就會認為孩子目中無人、不尊敬他；其實，這個「不尊敬」也可能只是大人的情緒反應，並非事實；孩子沒有馬上照做，有時候是因為他內心在抗拒或焦慮。當我們明白生氣的意涵之後，就可以不再用指責來否定對方，而是說出自己的擔心或脆弱，這樣可以減少相互攻擊的傷害，轉而坦承與開放；另一方面，當面對批判時，我們也會瞭解自己不是那麼糟糕，而只是沒有符合對方的期望。

敲敲穴道放鬆下來

能量會互相感染。你輕鬆了，家人也會比較輕鬆；若家裡有人很容易生氣，全家也都會變得容易生氣；這是因為情緒和能量都很容易互相感染。

我們的壓力是會累積在身體裡面的，累積的點跟穴道有關。美國有一種情緒釋放技巧叫做EFT（Emotional Freedom Technique），德國的彼得・曼戴爾博士（Dr. Peter Mandel）發明另一種系統叫做彩光針灸（Color-puncture）——他發現，用不同顏色的光照射穴道，頗具治療效果，目前有許多西醫、中醫在使用。這兩種醫療方式所發現的改善情緒穴位很類似；這些穴位其實就是我們經絡裡面的起點，也都跟情緒有密切關係。

最簡單的操作方式就是用手指頭敲，中指跟食指彎曲做類似敲門的動作，不要用力，輕敲即可。第一個點在眉頭（攢竹穴），這裡屬膀胱經，敲的時候會感覺不自主的深呼吸；人只要一緊張，眉頭就會拉緊，身體也會緊繃起來。例

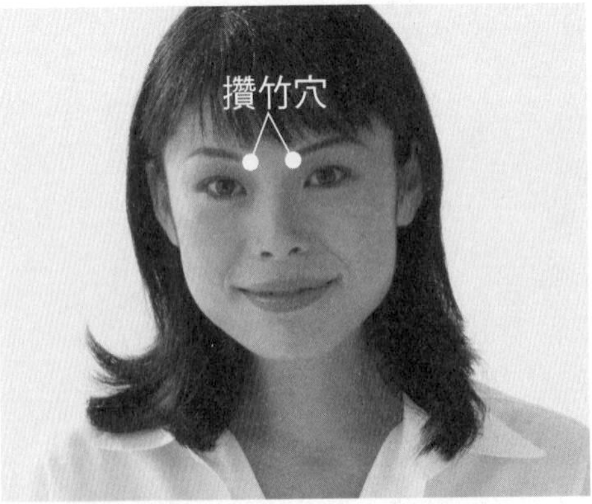

如，有些人一緊張就會想上廁所，這就是膀胱經拉緊；放鬆下來後，會覺得呼吸變深或開始打哈欠，若能一直敲到打嗝或放屁是最好的。有人做一次沒有效果，連續做好幾天，就會一直打嗝跟放屁，這就是排毒現象。

有一位朋友長年失眠並服用安眠藥，我建議他試試這個方法；敲過一陣子後，睡眠問題就改善了。所以，這樣敲很神奇，有時候身上一些不舒服，你可以兩邊都敲，如果感覺呼吸變深，那就是在放鬆了。

第二個點是眼角（瞳子髎），這個點跟強烈的生氣有關；這一條是膽經，人在生氣的時候，有時會氣到傷肝。敲了以後會打哈欠、打嗝，就表示開始放鬆、呼吸變深了。

第三個點是胃經，在眼珠子正下方（承泣）；有些人一緊張會胃酸過多、胃潰瘍，有些壓抑情緒的人

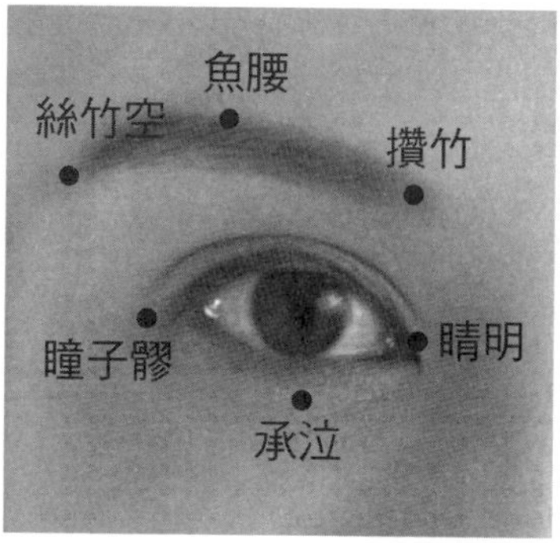

敲一敲會哭，那就哭出來吧！容易緊張的人就是這個地方拉緊了。輕輕敲就好，手腕要放鬆。你要察覺哪個部分特別有感覺，那就是你最需要做的地方。容易緊張的人，身體常常繃得緊緊的，能量就會變弱。

下一個點是人中，這個地方跟尷尬感有關，敲了以後會感到身體不由自主的深呼吸。

接下來是下巴，這裡跟羞愧感比較有關；當家長看到孩子成績不好而感到自責羞愧時，敲一敲這裡讓呼吸變深或打嗝，這就是放鬆現象。

還有位於鎖骨的凹洞斜下方骨頭起點旁邊的穴位（俞府），就是男生打領帶的位置，敲這裡的時候呼吸會變深；有人容易胸悶，是因為生氣及難過都壓抑在這裡，敲一敲之後胸口會比較好呼吸，胸悶就改善了。這一條是腎經，跟所有的情緒都有關係；因為，人在緊張或生氣的時候，腎上腺素會上升而讓血糖升高、肌肉收縮，敲一敲後使之放鬆，就比較不會處於壓力備戰狀態。

容易緊張的人可以敲胃經與脾經；這個位置在腋下，女生的話就是在肩帶的高度。如果敲一敲會覺得痠或痛，就表示那裡拉得很緊；不用擔心，敲到慢慢不痛了，敲到呼吸變深、打哈欠，那些疾病就會不見。很多身心症都可以敲一敲就敲好了。

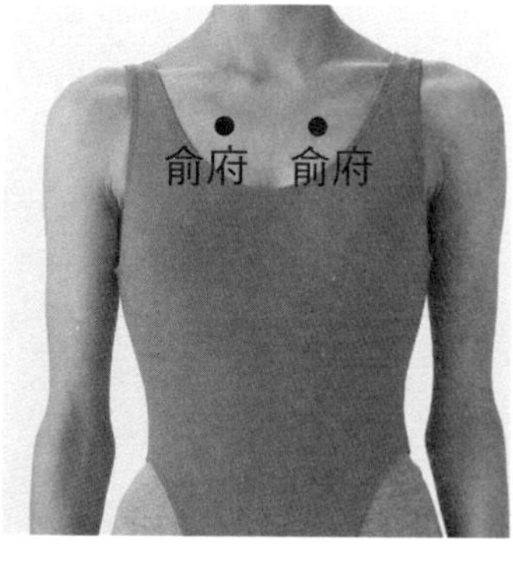

呼吸變深、打哈欠、打嗝，這些都是放鬆的訊號，而且是身體自身的反應，不是靠意志力。父母不妨幫孩子做，他們會很喜歡。有一個媽媽照顧亞斯伯格症的小孩，小孩到陌生地方就會緊張而躁動，媽媽就讓孩子躺在腿上幫他敲一敲，小孩就覺得很舒服、安定。一般來說，小孩子對此反應都很敏感。

除了用敲的，還可以試著用米酒擦拭；水與米酒的稀釋比例是二比一，然後沾化妝棉或是純棉的棉花擦一擦，貼到穴位之後輕輕往外側劃開。心情就會安定下來而比較容易入睡。

小指與無名指中間的這個點（中渚與液門），跟焦慮、害怕等情緒有關係，輕輕敲就好；若能配合做些眼球動作，放鬆的效果會更好。很多記憶都是在視覺皮層，跟情緒有密切關係；所以，我們一邊動眼球、一邊敲這個地方，就會把壓力放掉。一邊敲，然後張開眼睛、閉上眼睛、再張開眼睛；接著眼睛看右下方，再看左下方，眼球再慢慢的順時鐘轉一圈——一邊敲、一邊動眼，然後逆時鐘繞一圈，一邊敲、一邊在心裡唱歌——因為右腦跟旋律有關，一邊敲、一邊哼歌就是在放鬆右腦；接著，讓眼球從地板看到天花板。這樣就完成動眼的步

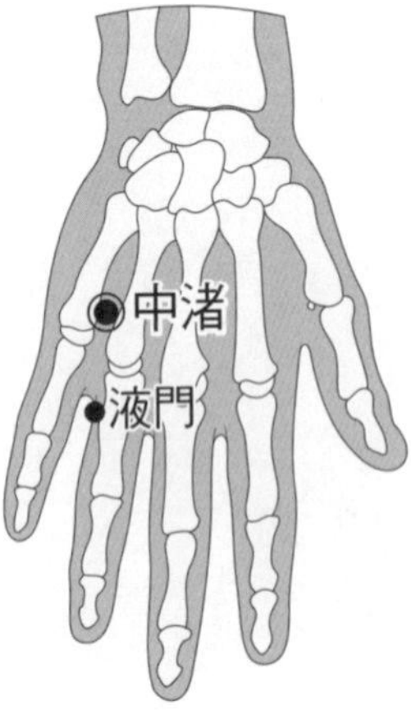

緊，會感到很放鬆甚至開始打哈欠。

也可以將小指放在腿上或桌上，敲敲小指外側，敲到打嗝就表示在放鬆了。小指跟生氣有關；若是覺得開始發熱，表示身上的火氣都跑出來，開始放鬆了。

食指靠拇指這一側是大腸經。人一緊張就會腸胃急躁，可能導致拉肚子或便祕，這就表示大腸經拉緊了，敲一敲就會覺得很舒服。

大腸經的另一個點在鼻翼兩邊（迎香）；你也可以輕揉鼻翼兩側，當打嗝或感到很舒服，就是大腸經放鬆了。頭痛也經常是情緒造成的；例如，吵完架或是心情不愉快而悶在心裡，就容易頭痛；這時，敲一敲就馬上不痛了。感到很混亂時，可以配合擦米酒，腦袋就比較清楚了。

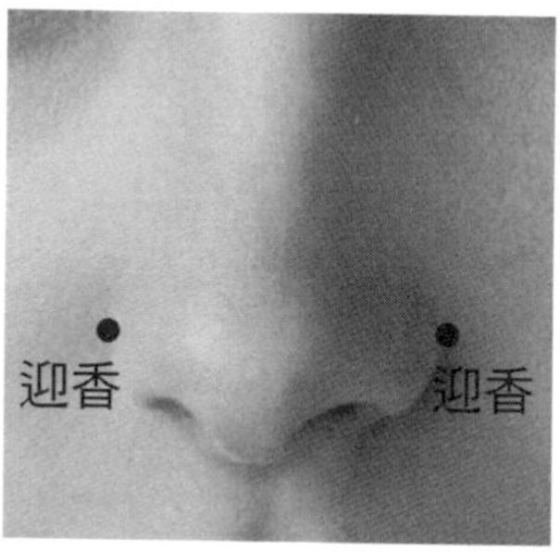

有一回，我跟一個學生講電話，他說遇上感情問題，覺得好痛苦，很想從樓上跳下去；我一邊跟他講話，一邊叫他擦；沒多久，他就說那種想死的念頭已經沒了，覺得腦袋比較清楚、沒有痛苦了。有時候，我們的痛苦影響情緒，情緒影響想法，想法又影響情緒；所以，擦了米酒放鬆之後，心就會安定下來，覺得比較舒服，這是因為能量比較暢通了。

能量會互相感染。如果你輕鬆了，家人也會比較輕鬆；如果家裡有一個人很容易生氣，那全家也都會變得容易生氣；這是因為情緒和能量都很容易互相感染。

責任感很強的人通常身體都繃得很緊，把很多事情扛在身上，比較會照顧別人而不懂得照顧自己，不會偷懶或休息一下，因為他會有罪惡感。這樣的人很辛苦，他們不敢理直氣壯的說「我累了」、「我要休息」，晚上睡覺時還是無法休息，還一直想著如何解決問題。這種責任感過強的人，累的時候不敢喊累，會硬撐著，然後在潛意識裡偷偷想：「我要等到什麼時候才會生病、可以休息一下？」很可能就真的生病了！

擁抱、傾聽和同理心

當我們回想小時候最刻骨銘心的事，往往不是考得好時大人說了什麼，而是在我們脆弱的時候，大人適時的瞭解或支持；這不但令我們記憶深刻，而且對我們的幫助更深遠。

前述那位照顧亞斯柏格孩子的媽媽，她在家幫孩子敲的時候，除了孩子覺得很舒服，她自己也很舒服；她還得到一個意想不到的效果，就是他們之間不必說話，而是透過肢體的接觸在溝通，兩個人感覺更靠近了！

肢體接觸本身就是有利滋養關係的良好互動；因此，家人之間平常應多擁抱，一定能滋養彼此的關係！例如，抱著孩子，然後一隻手從孩子的脊椎上面慢慢的順滑下來，孩子一定能感到很放鬆、很舒服。如果擁抱的人動作很慢、很放鬆，被抱的人也會跟著放鬆，會有安定及被愛的感覺。

所有動物都需要肢體接觸，擁抱更可以加速得到養分，能讓我們匆忙急躁的心安定下來，對身心發展極有幫助。所以，擁抱家人、小孩的時候，不要太匆忙，要去享受那從脊椎順下來的舒服感；可以兩人輪流，你先幫他順，再換他幫你順。兩人都感覺到那種很放鬆又很深刻的接觸時，彼此的關係就能獲得滋養，同時也會獲得自尊和自我關係的滋養，這才是真正的安全感，心自然就安定下來了，而且會產生很正面的能量。

比較困難的是傾聽與同理。如果家人之間每一天或兩三天會花一點時間談話，傾聽對方最近發生什麼事——尤其是孩子最近在學校發生的事情，絕對有利於彼此的關係。反之，若我們總是不先傾聽而急著催促對方做些什麼，就會造成緊張與對立。

有時候，孩子並不需要我們給意見或講道理；他需要的是有人聽他講話，可以回應他的心情，他需要的是我們的同理心。例如，孩子說：「我們老師好嚴格呵！只有一個同學犯錯，結果全班都罰站！」媽媽如果回應說：「老師就是要訓練你們有團隊精神啊！所以這沒什麼，你不要講話就好，不要當害群之馬！」這是在說教，沒有同理心；若有同理心就會說：「不是你犯錯卻要被處罰，真的好無辜呵！」

簡單的說，同理心就是幫他說出他的感覺和情緒。事實上，大家都有同理心，只是我們忘記而已。當孩子還不會說話或者才開始學說話時，他看到小狗大叫就哭了；此時大人會說：「寶寶怕怕！」「怕怕」就是把他心裡面的話講出來了，這就是同理心啊！如果他想去拿桌上的蛋糕，大人會說：「肚子餓餓，想要吃蛋糕了？」這就是同理心啊！所以我們都會，只是忘記而已，現在要把這功力再恢復回來。

通常我們的生活步調比較急，一直催孩子趕快寫完功課、趕快去睡覺，卻忽略了心理交流的機會。心理交流時，孩子並不需要你給他太多意見，或是建議、想法、說教，他只要你的同理心，知道他的想法和感受，這對於建立他的自尊與自我價值幫助更大。換句話說，孩子的自尊不在於他考很好時你稱讚他很棒，而是在他有煩惱時你能瞭解，這更有利於他建立自尊和價值感。

當我們回想小時候最刻骨銘心的事，往往不是考得好時大人說了什麼，而是在我們脆弱的時候，大人適時的瞭解或支持；這不但令我們記憶深刻，而且對我們的幫助更深遠。因此，適時去同理對方，幫他講出內心的話，會對對方更有幫助。

要注意的是，在輕鬆的狀態下才有辦法同理對方；如果媽媽壓力很大，恐怕只會說：「不要吵啦！我在忙，趕快去寫功課！」只有聽話的人內心處於輕鬆狀態下，才有餘裕去同理別人。所以，你願意把步調放慢來照顧自己的狀態，你就越有心力去同理別人。

脫離惡性循環

不要把「關心」和「擔心」混在一起。愛擔心的父母往往因為過度擔心，就先幫孩子做決定或扛起責任，於是變成：媽媽擔心小孩遲到，但小孩根本無所謂；媽媽擔心小孩的成績，小孩卻對成績好壞不在意。如此惡性循環下去……

還有一種最麻煩的狀態，就是我們常常把自己捲進對方的問題裡而和對方的問題攪和在一起，於是產生惡性循環。例如，媽媽很急，急的源頭是擔心，急的動作就是催促；只要一催促，孩子就會感到緊張或壓力、煩躁，接著便產生抗拒和拖拉，認為反正不管怎麼做媽媽都是不相信我，仍然會批判我，一賭氣就更抗拒。於是，媽媽更擔心，更急、更催、更罵，火力加強、越罵越凶，結果雙方都更挫折、更受傷，這就是惡性循環。

大人常把自己急的原因歸咎到孩子身上，認為只要孩子聽話照做，他就不生氣，這也會一直惡性循環。媽媽常自認是因為關心才著急，但其實是把「關心」和「擔心」混在一起；真正的關心是去觀察對方需要什麼，然後被動的去瞭解對方的需要和感受，而不是主動替他承擔責任，或是幫他決定該怎麼做。愛擔心的父母往往會因為過度擔心，就先幫孩子做決定或扛起責任，於是變成：媽媽擔心小孩遲到，但小孩根本無所謂；媽媽擔心小孩的成績，小孩卻對成績好壞不在意。如此一直惡性循環……

互動方式越是用力，關係就會越糾結，努力的本身反而導致原來的問題更惡化。常見的是，媽媽愈想訓練小孩獨立，小孩越依賴；因為，媽媽的擔心，使得小孩較沒有機會嘗試自己的主見。換句話說，我們愈用力要改變對方，對方所接受到的是「我不對」、「我不好」、「我有問題」，所以讓對方更死命的抗拒。其實，同樣情形也發生在個人身上——越想要睡著卻越睡不著，越想不緊張反而更慌。

如果媽媽能找出自己擔心的原因——例如，害怕孩子遲到是因為自己過去的遲到經驗讓自己很受傷，所以看到孩子遲到就會擔心而比小孩更緊張，找出擔心的原因後才能放鬆下來，也才能夠把責任還給小孩；這時，惡性循環才可能打破。

從焦急到放慢需要一些過程。以上學為例，有些媽媽說，只要一開始就跟小孩表明上學是他的責任，從明天起媽媽不再叫他起床上學，他要自己設鬧鐘、自己起床，孩子從那以後就不用媽媽催，自己就會起床了。這種例子很多，只要媽媽願意放下責任，孩子就會自動負起責任，從此就脫離惡性循環了。

衝突的主題經常落入固定模式，而且一再重複發生。這種惡性循環的最大痛苦，就是互相折磨。夫妻之間也常有一些惡性循環，互相苦苦折磨。例如，先生說：「如果你愛我就要相信我，不要管我那麼多！」太太就會說：「你就要做到讓我能夠相信你啊！你的手機要讓我看，電子信箱密碼也要讓我知道，這才是做到讓我能夠信任你啊！」先生立即反駁：「你愛我就應該相信我啊！」兩人都互相認為問題是出在對方身上，問題就永遠無解，於是一直互相折磨。

至於孩子，普遍都有不喜歡寫功課的問題，原因非常多；有時候是因為小朋友的細動作發展還不是很成熟，手眼協調沒有那麼好。或者有一些輕微閱讀障礙或學習障礙的小朋友，他們寫字時感到很吃力，會分不清6跟9、看不清p跟q，甚至會跳行、跳字，所以很不喜歡寫字；但是，在應答對話時，就完全看不出來有什麼問題。這時，大人常不覺得孩子有困難，而是認為他們偷懶、不專心。也有可能是因為，寫字對他並不難，但是哥哥比他厲害；或者他討厭那個老師，因為挫折或抗拒就不想寫了。所以，必須先去瞭解原因後，處理的方式才會比較有力量。不妨跟他聊聊對寫功課的想法等，不要太快下結論，斷定孩子就是偷懶；「偷懶」是我們的結論，而我們的結論並不一定是事實；若是一味的批評和責罵，問題很可能會擴大成其他心理問題。

最後，千萬不要忘記幽默感！常常學習幽默，不必把事情看得太正經或太嚴肅；尤其是，在家裡多用幽默方式互動，不但能化解尷尬與對立緊張，還能愉悅氣氛。所以，適當的幽默是家庭很好的潤滑劑。

幽默有好幾種層次。一種是唇槍舌戰的幽默、互不相讓的幽默；例如，一個大男生對小女生說：「妳好漂亮呵！」小女生回應：「謝謝！」不料那男生接著說：「我只是日行一善！」這不是占小女生便宜嗎？結果，這小女生也不遑多讓，馬上回嘴：「謝謝，我從來沒看過這麼老的童子軍！」這就平衡回來了。這就是勢均力敵的幽默。

換句話說，幽默有一個原則，就是順著對方的脈絡，再反過來跳脫到另一個思考方式，將對方一軍。適當的幽默會化解尷尬與對立緊張的氣氛，讓彼此感到鬆綁。

還有一個很妙的例子。有個爸爸要送小孩上學以致上班常遲到，老闆因此下最後通牒，言明下週一如再遲到就要炒他魷魚；結果，到週一時這位爸爸拚命趕趕趕，卻還是遲到了，而老闆就雙手叉腰的站在門口等他。

這位爸爸知道大事不妙，馬上說：「老闆、老闆，我來應徵剛剛空出來的那個職位！」這樣既給老闆臺階下，又照顧到自己的權益，就是最高層次的幽默了。

總之，我們可以學習把幽默化為自己與家人的生活習慣，讓家裡多一點笑聲，這也是一種很棒的滋養家庭關係的方式。

親子格言

◎過於乖順的孩子很可能會太依賴你的意見而不敢自己做決定；之所以如此，可能是因為他害怕失去你而總是壓抑自己的想法。

◎製造關係緊張的行為是：批判、否定、比較、過度催促，以及把自己的期待加在對方身上。

◎有時候，孩子並不需要我們給意見或講道理；他需要的是有人聽他講話，可以回應他的心情，他需要的是我們的同理心。

如何賞識你的孩子

賞識教育就是給予孩子肯定、承認孩子的天賦差異，允許孩子失敗，讓孩子樂觀成長。學者們還發現，越瞭解孩子的個性和習慣，越多去發現孩子的優點，父母就越能夠發揮對孩子的影響力。

文藻外語大學
吳甦樂教育中心副教授　陳清泉

這些年來，不管是教育界或是學界、實務工作者，大家都在談論「賞識教育」；簡單的說，就是如何去欣賞孩子。現在已經不流行「管教」，連從前的「訓導主任」如今都改稱「學務主任」了。在賞識、欣賞孩子之前，你要先認識你的孩子，透過認識來欣賞他、鼓勵他，孩子就會往好的方向發展。

發揮影響力

從幼稚園、國小、國中到高中，孩子愈長愈大，我們對孩子的影響力就相對的愈來愈小；換句話說，孩子愈小的時候，我們的影響力就愈大。

現代的父母，孩子愈生愈少，大家都不敢多生，就是怕負擔太重。其實，我們該反省的問題是：第一，你打算生幾個孩子？第二，你為什麼要生孩子？你期待的是什麼？還有養兒防老的期待嗎？

在現今這個時代，很多爸爸、媽媽退休後都要自己「看著辦」了。我在文藻外語大學教書，我們學校有專科部和大學部，專科部的學生將近四分之一辦理就學貸款；也就是說，孩子念五專時就要借錢念書；我們的大學部學生也大約有三分之一辦就學貸款，念書時就開始負債了。畢業第一年還不必還錢，但第二年就要開始還債。站在父母的立場，大多不好意思跟孩子說：「我老的時候你要養我啊！」再加上目前有一些福利制度，例如退休金、老人年金之類的，所以不完全必須「養兒防老」。

那麼，生兒育女的意義究竟是什麼呢？我有三個女兒，人家常說，女兒是爸爸上輩子的情人——如此說來，我上輩子的情人就有三個；但是，這輩子的情人只有一個！我時常開玩笑說自己是住在女生宿舍裡。有三個女兒就有三個女婿，將來會不會全都住在一起呢？現在很多女孩子的結婚條件就是要有房子，要不然就是小倆口自己住，就是不想和爸媽或公婆同住；若是對方還沒有房子又不能住外面，結婚的事往往就延後了。

所以，趁我們還跟孩子住在一起的時候，我們得好好思考如何發揮我們的影響力。

父母對孩子絕對有影響力！從幼稚園、國小、國中、高中到大學都有。大學時期的影響力大概最小，許多孩子選填志願時都想儘量填在外縣市，因為不必住在家裡，可以到外面住或是住在宿舍，那就自由多了。

從幼稚園、國小、國中到高中，孩子愈長愈大，我們對孩子的影響力就相對的愈來愈小；換句話說，孩子愈小的時候，我們的影響力就愈大。

我最小的女兒三、四歲時，問她事情，她總是回答：「問媽媽一下。」因為她知道家裡媽媽最「大」，孩子從小就常是媽媽帶著；所以對她而言，媽媽的影響力比爸爸來得大。例如，我們買了一盒冰淇淋，她問我可不可以吃，我說可以；但她又跑去問媽媽，媽媽說她不能吃，因為感冒還沒好。結果當然是媽媽說了算。

記得我們家三個孩子分別在國中、國小、學齡前階段時，我發現與我的相處和互動，年齡愈大就相對減少。我回到家時通常她們會幫我拿室內鞋；最初是老大負責，老二會幫忙；之後，老大就不拿了。老二跟老三的年紀較接近，只要聽到我回家的開門聲，他們就會搶著幫我拿室內鞋，搶輸了還會哭呵！後來，兩人很聰明的協調，一人拿一隻拖鞋。老二念小學以後也不拿鞋了，到最後只剩學齡前那個最小的還是每次都很開心的幫我拿，我也每次都會抱抱她。

所以，孩子愈小，我們對他們的影響就會比較多並且比較大；在這種情況下，我們要如何影響孩子呢？現在的孩子是不能打也不能罵——他們都知道113家暴專線，我們還能如何進行我們的教育工作呢？

多讚賞並以身作則

如果爸媽能夠以身作則，對孩子的影響力就會相對提升；如果再懂得賞識孩子，孩子自動自發的精神就會被培養出來，人際關係也會提升。

我們經常聽人家說老大是照書養，老二是照豬養，老三就隨便養。我雖然本身念心理學，並從事心理輔導工作；但是，如果我沒有孩子，我也不敢與大家談這個主題。我有學理上的觀察，加上自己帶過孩子，這三個階段都經驗過了。早期是運用學理帶孩子，算是將理論化為實際應用；老二出生後，就沿用帶老大的經驗；到了老三出生，我就通通不管了，交給太太全權負責，所以她對孩子的瞭解比我還多。有時候她會說，我也有可行的方法；但方法都是要試過之後才知道效果。

今天我要介紹的「賞識教育」是很有道理的，實際效果也相當不錯，而且非常重要。

以下有十個問題，針對現在的社會環境，請選出你認為親子教育中最重要的是哪一項——

一、多方培育孩子的各項才藝，如：作文、心算、數理、音樂、圍棋、西洋棋……

二、以讚賞替代責罵。

三、和孩子溝通。

四、融入孩子的生活。

五、培養孩子自動自發的精神。

六、培養孩子獨立的態度。

七、教養孩子理財的觀念。

八、父母親以身作則，做孩子的好榜樣。

九、提升孩子的人際關係。

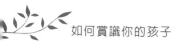

十、教導孩子管理好情緒，也就是EQ。

根據統計結果，獲得百分之五十五受訪者選擇、也就是老師和家長認為最重要的選項是「以讚賞替代責罵」；第二名和第一名的得票數很接近，是「父母親以身作則，做孩子的好榜樣」。

現代的父母都有意識到以身作則的重要性。例如，我開車的時候若是按喇叭，孩子就會問怎麼了；此時，我必須要給出理由，否則她會認為我亂按喇叭。所以，我要跟孩子解釋：因為有一個人騎摩托車突然闖出來，所以我才按喇叭。如果你不解釋或者含混帶過，孩子可能就會覺得你的行為有問題。遇到紅燈時要等待；如果不等，孩子會說你闖紅燈，並且馬上指正你。所以，父母親以身作則十分重要。

接下來是：培養孩子自動自發的精神。我們所談的「賞識教育」，其實可以延伸到其他方面，如果爸媽能夠以身作則，對孩子的影響力就會相對提升；如果再懂得賞識孩子，孩子自動自發的精神就會被培養出來，人際關係也會提升。

比如說，碰到親朋好友的時候，請孩子跟對方打招呼，然後你可以誇獎他這個好行為，他會很高興；下次他再碰到類似的情形就會主動打招呼，因為他的這個行為會得到父母的稱讚。

與人道別時，如果孩子會主動跟人家說再見，你一定要給他鼓勵，下次他就會主動跟人說再見了；因為他這個好行為被你注意到，被肯定和鼓勵後，這個好行為就會持續下去。

因此，教養孩子最重要的是賞識，因為它會延伸到其他你希望培養孩子的方面去，包括孩子的智能學習；你希望他功課好，他讀書的時候，就要多用賞識和鼓勵的方式對待他。

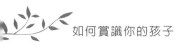

有進步就鼓勵

當孩子在學習或表現良好時，家長要多多鼓勵，給他掌聲，口頭上的讚美或者實際上的獎勵都很好。

我家老大和老二都沒有念幼稚園而直接上小學，在開學前，我們買了注音符號練習簿讓孩子練習寫；我跟女兒約好，每天一個字、寫完一頁，兩個月內一定可以寫完。但是，我發現當年老大和老二都沒有按這個進度進行，都快開學了，練習簿只寫一半而已，所以我們最初都有點擔心孩子跟不上進度，因為她連注音符號都還不會。還好，現在小學有一個很不錯的制度——進步獎。大女兒在二年級上學期的時候拿回來一張獎狀，我們很訝異，因為她又沒有什麼特殊的表現，怎麼會得獎狀？原來，她拿的是進步獎，表示一年級下學期比上學期有進步。我看了非常高興。

二年級下學期一開學，她又拿了一張獎狀回來，同樣是進步獎；大概是因為她的起點慢了，所以很有進步的空間。這個學期，她主動請我們訂《國語日報》，她想要閱讀報上的文章；我聽了好高興，這表示她的閱讀能力沒有問題，可以跟得上進度，可以自己看報紙。我還請她讀報紙給我聽，這個方法既可讓她練習，我們也可藉機鼓勵她，效果很不錯。

二女兒讀國小一年級時，我們也在觀察她到底跟不跟得上進度；也多花了點心思，不要讓她等到二年級再來領進步獎。我們發現，她每個禮拜的作業都可以跟得上；此外，要她讀繪本給我聽，雖然速度有點慢，但還是讀得很好，雖有幾個發音不對，只要修正一下就可以了。這表示孩子自有她的學習能力，雖然起步晚，但不必太擔心，爸媽只要多多鼓勵孩子。

有一次女兒考了三十分，我看了很擔心；可是我太太對孩子說：「妳好厲害呵！媽媽以為妳沒有上幼稚園會考零分，結果還有三十分耶！妳好厲害！」孩子聽了好高興，因為媽媽覺得她好棒，明天就還會想去學校！

從此以後，不論孩子的成績多少，我們都會很高興，因為我們將基準點設在零分，所以只要有分數，我們就會肯定她、鼓勵她，給她拍拍手。

另一方面，我們也會特別告訴老師我的孩子沒有上幼稚園，所以請老師告訴我們有哪些部分需要自行加強的。兩個禮拜後，老師告訴我們，我的孩子完全看不出來沒有上過幼稚園；因為，一般沒上過幼稚園的小朋友比較不適應團體生活，但我的孩子沒有這些問題。

因此，當孩子在學習或表現良好時，家長要多多鼓勵，給他掌聲，口頭上的讚美或者實質上的獎勵都很好。例如，我二女兒最愛的獎勵是吃義大利麵；所以，當我們去吃義大利麵的時候，就會跟她的姊姊和妹妹講，是因為二姊表現很好，大家才吃得到義大利麵，所以這一餐算是二姊請的！這會讓孩子更有成就感，晚上做夢都會笑呵呵，明天起床後會更加努力！這就是賞識教育的重要性。

我們鼓勵、讚美孩子時，通常也會抱抱他。小朋友其實很喜歡人家抱抱；在高年級以前，你一邊讚美他、一邊抱抱他，他都能感受到那特別的歡欣和愛。因為賞識教育是全面性且正面性的，會成就智慧、品格等各方面，孩子也會對自己比較有自信，生活態度就會比較樂觀；反之，若孩子處在壓力及困難下，他的態度就容易悲觀、消極。

承認天賦差異

如果你要促進青少年改變、要對孩子有所影響的話，最佳方法就是要賞識並激勵你的孩子；他會越來越好，並往你鼓勵他的方面去發展。

二〇〇五年，在美國有一個研討會，與會的學者都認為，成長期的孩子最需要的是來自家庭和社會的鼓勵；能夠發現孩子的優點，並且充分肯定並鼓勵這些優點，才是培育未來人才最有效的方法；而我們從實務情境中的經驗，也的確印證了這些學者的研究結果。學者們還發現，越瞭解每個孩子的個性和習慣，越多去發現孩子的優點，父母就越能夠發揮對孩子的影響力；這是因為，孩子本身有對親情和情感的需求，他們強烈需要父母親的理解和重視、關愛和讚賞、鼓勵和引導。因此，越瞭解孩子的優點，就越能夠發揮影響力，對於孩子的成長就越有積極的效果。

在這個研討會上，學者們做出的結論是：如果你要促進青少年改變、要對孩子有所影響的話，最佳方法就是要賞識並激勵你的孩子；他會越來越好，並往你鼓勵他的方面去發展。

究竟什麼是「賞識教育」？就是給予孩子肯定，承認孩子的天賦差異，允許孩子失敗，讓孩子樂觀成長；這是基於孩子渴望被讚賞、被瞭解的心態所提出來的教育方式。

每個孩子都是獨特的，家長不要做比較。例如，我那三個女兒的狀況就都不一樣。小時候，老大明明會自己吃飯了，還是要我們餵她吃，一直餵到她上小學。老二出生的時候，姊姊已經會自己吃飯了，所以老二兩歲的時候就自己拿湯匙吃飯；有時我們餵她吃，她也接受。老三則完全不一樣；她看到兩個姊姊都會自己吃飯，一歲多的她也硬要自己吃；我們想餵她，她就是不要，而且嘴巴硬是不張開，就只吃她自己拿的。因此，每個孩子的情況都不一樣，同一個家裡的孩子也不要互相比較。

另一方面，孩子若表現不好也別太心急，要讓孩子樂觀的成長，讓孩子感覺到跟爸媽在一起很快樂；因為快樂，所以爸媽講的話孩子才比較聽得進去。若孩子跟父母相處得不愉快，他會把心門關起來，爸媽講的話就再也聽不進去了，爸媽的影響力就會減少。

孩子總是渴望被鼓勵、被讚賞，大人又何嘗不是呢？在家庭裡或工作上，大人也同樣希望被鼓勵和肯定。我因為工作的關係，有時候假日五點半就得起床，然後搭六點半的火車；我太太習慣送我出門，我起床時她也起床了，然後看著我出門，這種感覺真的好窩心。我們大人現在仍希望別人給我們回饋，鼓勵我們或讚美我們，孩子小的時候更是如此。

大陸出版了一本《賞識你的孩子》，作者是周弘，他原本是初中畢業、在工廠裡做事的工人，現在則是南京婷婷聾童學校的校長。他的女兒周婷婷出生後即雙耳全聾；周弘發現後，就想盡辦法教育孩子；他的方法就是，當孩子有一點點好的反應時，就用心鼓勵她、肯定她；孩子在這樣的成長過程中培養出自信，能力也被培養起來了。她沒有念特殊學校，而是念普通小學，而且還跳級；八歲的時候背出圓周率小數點後一千位，打破了金氏世界紀錄。十六歲時考上大學；大學畢業後，二〇〇一年申請到美國蓋勞德特大學攻讀心理諮商碩士；二〇〇二年時，獲得中國十大時代女性殊榮，相當於我們的十大傑出青年。

周弘用「賞識」的方式教育他的孩子，並把這種經驗加以整理，用這樣的方式教別人訓練成千上萬健全的孩子，而不只是聾啞孩子而已；他的女兒本來因耳聾而不會講話，後來學會講話了。周弘的教育方式就是賞識、鼓勵、肯定，給孩子掌聲；孩子雖然聽不到，但是看得到。

我們臺灣也有類似的例子，作家盧蘇偉也是到處去演講、介紹自己的經驗。他八歲的時候罹患日本腦炎，腦部因此受到傷害，直到小學五年級才真正學會識字；國中讀了四年，換了三間學校，最後勉強考進高職。他的智力測驗只有七十分，可是他很開心，因為他不知道智力測驗的平均分數是一百分，七十分代表智能不足，但是可訓練；他以為六十分及格，他考了七十分，所以覺得自己還是不錯！

盧蘇偉小時候只要考試有得分，家人都會很高興；他平常都考零分，有一次考到十分，還得到獎勵——吃雞腿。高職畢業後想考大學，七年之間考了五次。這如果是你的孩子，你會怎麼想？會怎麼辦呢？大多數人一定會勸他不要考了，但他的家人都很鼓勵他；他姊姊還為了他去讀臺師大的特教系，因為姊姊想要研究如何教育他。

即使大學考了那麼多次，但是家人還是支持盧蘇偉。後來，他考上中央警察大學犯罪防治系；在二年級時遇到馬傳鎮老師；馬老師注意到，這孩子的學習方式跟別人不一樣：他無法處理記憶性、平面空間之類的問題，對於分析、整合、創造方面的問題，他卻有天才般的能力。他就是與眾不同的孩子，因此學習方法也不同，直到大二才開竅，那時他已經快三十歲了。不過，一旦開竅後，他的成績就是系裡的第三名，並且在同一年以第三名考上高等考試司法行政觀護人科。

盧蘇偉一直到快三十歲才開竅；由此看來，你要不要多給你的孩子希望和機會？臺灣俗話說，大隻的雞比較晚啼，盧蘇偉是到三十歲才啼呵！

開竅以後，就一飛沖天了。成為觀護人的他，負責了一百多個青少年；他現在也是國內外潛能整合的專家，到美國、加拿大、澳洲、新加坡、馬來西亞、香港等國家演講，以自身的成長歷程提醒爸媽要對自己的孩子有信心，因為他自己在別人眼中就像是從白痴變成天才。他有三十多本著作，有許多篇幅在介紹賞識教育的重要性。

回想一下你跟先生／太太及孩子的互動方式，會不會讚美先生或太太？是不是結婚後就沒再說過什麼甜言蜜語了？「賞識」並非只用在對待孩子，也要用在夫妻之間、人際關係之間。誠如之前說過的，即使是大人，也很需要被讚美和肯定。

賞識八原則

孩子若只考十分，表示下次還有進步空間，所以你要給他鼓勵；下次只要有進步，哪怕只進步五分，都要持續鼓勵，並持續進行賞識八原則。

請想一想你的孩子有哪些優點？孩子一定有他的優點，請把這些優點列下來；若能列出十項，表示你的孩子真的很幸福，因為你常常注意到他的行為，並且習慣去看他良好的部分；無形當中，孩子也會從爸媽的肯定中更加努力、更有自信。

接下來再想想，最近一次讚美孩子是什麼時候呢？最近一次罵孩子又是什麼時候呢？最近是讚美孩子多或責備孩子多呢？有一部新加坡電影叫《小孩不笨》，共有兩集，片子一開始就問觀眾：「你多久沒有鼓勵你的孩子？」這部電影得了很多獎，因為它反映出教育界共同面臨的問題；它指出，我們以前都是用管教的方式來教育孩子，電影中卻出現了很多真實而有趣的畫面——大人在講，孩子根本沒在聽，或者左耳進、右耳出，反正大人的話全成了耳邊風。

要如何才能讓孩子把你講的話都聽進去？我們這些年都在提倡這個概念，也就是：用賞識的方式；孩子有好的表現，就鼓勵他、給他掌聲，你說的話他才會聽，你才能對他發揮影響力。

該怎麼做呢？

第一，要客觀。孩子若只考十分，表示他下次還有進步的空間，所以你要給他鼓勵；下次哪怕只是進步五分，都要持續給他鼓勵。所以，爸媽要客觀認識孩子的程度，先肯定他現在有的部分，只要有進步就再給他鼓勵和肯定。

第二，要具體，不要以偏概全。例如，孩子平時不做作業，但今天有做，即使沒做完——可能五題只寫了三題，或是寫得亂七八糟，無論如何，還是有進步，我們就要加以鼓勵和肯定。但是，鼓勵孩子必須要針對他的行為表現很具體的讚美，儘量不要說些「你好棒」、「你很好」這類籠統的字眼；雖然也是鼓勵，但是不夠具體。具體的讚美例如：你今天的作業寫得很認真、你有交作業等。

第三，要及時。孩子有好的行為，就要及時稱讚或獎勵。例如，孩子這次考試考得很不錯，爸爸答應請客就要及時，不要等上兩三個星期，那時候就忘了，興奮的感覺也已經過去了。

第四，有微小的進步就要鼓勵。因為，爸媽有注意到小小的進步，孩子就能感覺到你在關注他；知道你在關心和注意，就會讓他更進步，十分變成十五分、十五分變成二十分，如此一點一點的強化他，給他正面的力量。

第五，要選擇適當的辭彙。幼稚園的孩子，你稱讚他好棒、好厲害，他就覺得很開心；但是，國小或國中生懂的辭彙比較多，你如果還停留在「好棒」、「好厲害」等語彙，他會覺得是敷衍。針對不同年齡的孩子，稱讚的用詞要稍微改一下，有時候可以使用一些語助詞，如「哇！」「耶！」用這些語助詞，感覺就更厲害了！

第六，運用肢體語言。除了跟孩子說「你好棒」、「你很認真」之外，也可以拍拍他的肩膀、摸摸他的頭。對我們自己的孩子可以這樣，對別人的孩子就要看情況了；有時候我們跟別人的孩子不是那麼親，這些動作就要注意，否則會造成性騷擾。有時候也可以抱抱孩子，我就會一邊抱著我的孩子、一邊稱讚他。孩子都喜歡被爸媽抱抱；我抱著四歲的老三時，已經國中二年級的老大有時候也會過來和我們抱在一起。對孩子來說，口頭再加上肢體語言，會比較有實在感，這種讚美有加倍的效果。

第七，靈活應用多樣的方法獎勵孩子。例如，帶他們去買他們想要的東西，或者請他們吃想吃的食物；我獎勵我家老大的方式，就是送她一百元或兩百元的圖書禮券，讓她自己去買，因為她已經讀國中了，很有自己的想法。比方說，她投稿學校的校刊，若被刊登出來，我就獎勵她六百元，讓她自己去買想要的東西。總之，要靈活應用不同的獎勵方法。

第八，要發自內心。是不是發自內心，其實孩子感覺得出來；因為，你若不是發自內心，你講出來的跟你做出來的會不太一樣。所以，你要賞識孩子，要讓孩子感覺得到；不只是用言語或動作，要兼顧到整體的感覺，要發自真誠。

總之，每個人都渴望得到別人和社會的肯定，連我們自己也不例外；對於孩子的優點和潛能瞭解愈多，父母在教育過程中就愈能發揮影響力。

順應孩子的本質

每個孩子都有他自己的本質跟特色，爸媽最好順著他們的本質和特色去引導他們發展，並不是將孩子教養成我們所期待的；比方說，爸媽是醫生，就期待孩子將來也要當醫生，父母往往都會陷入這樣的期待。

每個孩子都是在父母的期待下出生。許多父母擔心孩子輸在起跑點，或者跑得太慢追不上其他人，因此從小就為孩子安排許多學習的機會，以為只要學得多就會比別人強；如果表現不盡理想，就會指正孩子的缺點。如此一味的擔心孩子的未來，卻比較少去考慮：孩子真正想要的是什麼？

當你在肯定孩子時，你也在肯定自己。孩子是我們生的，所以孩子好表示父母也好；你罵孩子等於罵自己，你讚美孩子時其實也是在讚美你自己，欣賞孩子的時候其實也是在欣賞自己。

我家老大是學小提琴，老二就學鋼琴——想要有點區隔；姊姊學鋼琴沒有學得那麼好，這就是個別差異。有的孩子很會念書，有的孩子不會念書；如果哥哥很會念書、妹妹不太會念書，爸媽可不要叫妹妹要跟哥哥一樣。「賞識教育」的特色，就是要針對「個別差異」來鼓勵及肯定孩子，不要在孩子之間去比較。我們要很清楚的讓孩子明白，每個人有每個人的長處；最容易舉的一個例子，就是我們的手張開來，可以發現五根手指頭都不一樣長，各有各的用途。

《天下》雜誌第四百期中，介紹了七十二個典範人物，其中包括王建民。他說他不會念書、只會投球——還不是說他會「打棒球」呵！但他的年薪是美金四百三十萬元。如果你的孩子「只會投球」，你當然要鼓勵他，這就是他的才能啊！

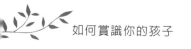

此外還介紹了周杰倫。他唱歌、演戲、當導演，但他不太會念書，大學考了兩次都沒考上。他五歲學鋼琴，學了十四年，因為對音樂有興趣，媽媽就鼓勵他往這方面去發展；後來就讀淡江中學音樂科，讓他得以表現音樂方面的才華。

赴日發展的圍棋高手謝依旻，五歲時跟哥哥一起學圍棋，發現她在這方面的興趣和能力比哥哥還要強。哥哥後來就沒再學了，但謝依旻很認真的繼續學，國小畢業的時候到日本參加圍棋比賽，得到很多獎項；她現在是日本的職業棋士，才十八歲就在教別人下圍棋，後來哥哥繼續念書升學；她教圍棋有了薪水，把薪水寄回家，對哥哥說，他對念書有興趣就去念書，她自己對圍棋有興趣，就往圍棋這條路走。

還有名導演李安，可說是無人不曉。當初他也是大學考了兩年沒考上，後來讀國立臺灣藝專。他想走導演的路，但後來有六年的時間沒有電影可拍，失業在家帶小孩；他若是妳的先生，妳會怎麼辦？他的太太就是鼓勵他等待機會，才有今天全球聞名的李安。

所以，回過頭來說，父母不要只是看到孩子的缺點，還要多去關注他的潛能、優點和特質，然後加以鼓勵並肯定，讓他順著本身的特質去發展；當你能夠鼓勵並欣賞孩子的時候，你對他的影響力就會很深、很遠。

不要特別去強調孩子的弱點或缺點。孩子考三十分就是三十分，這個事實孩子本身也知道，不需要我們去念他；我們要去瞭解孩子的程度是否就是如此，或者只是沒有盡力；若他說盡了力，那麼便要瞭解他怎麼會考這種成績？他可能會說是因為沒有檢查，那就要他下次記得檢查就好。也就是說，孩子表現不好的部分，其實他們比我們更清楚，只要讓孩子知道我們的關心就可以了，不需要再嘮叨；說真的，父母問過原因後，再多的碎碎念，孩子可能也聽不進去了。

關注孩子的優點，然後引導孩子去肯定他自己的優點；或者發現孩子的潛力之後，爸媽加以鼓勵和強化。孩子被肯定後，就會持續朝好的方向發展，好的部分就會更好。

每個孩子都有他自己的本質跟特色，爸媽最好順著他們的本質和特色去引導他們發展，並不是將孩子教養成我們所期待的；比方說，爸媽是醫生，就期待孩子將來也要當醫生，父母往往都會陷入這樣的期待。然而，孩子本身有他的本質和特色，這不是我們可以選擇的；我們養育孩子，並不是讓他朝我們期待的方向發展，不是我們幫他規畫，而是我們要回過頭來認知孩子的特質，然後順著他的本質去發展。如果像王建民，就鼓勵他打棒球；像周杰倫，就鼓勵他做音樂；如謝依旻，就鼓勵他下圍棋；有李安的才華，就等待他有機會拍電影。你肯定孩子的特質，他就會肯定自己，也因此會過得比較快樂。

所以，在陪伴孩子成長的過程中，要考慮如何給孩子一個完善而快樂的學習環境，不要因為孩子的缺點而忽視了孩子的優點；放大孩子的優點，才是促進孩子健康成長的家庭教育祕訣。希望各位家長都能以鼓勵啟發孩子的潛能和優勢，幫助孩子快樂的學習和成長。

親子格言

◎能夠發現孩子的優點，並且充分肯定並鼓勵這些優點，才是培育未來人才最有效的方法。

◎賞識八原則：第一，要客觀；第二，要具體，不要以偏概全；第三，要及時；第四，只要微小的進步就要鼓勵；第五，要選擇適當的辭彙；第六，運用肢體語言；第七，靈活應用多樣的方法獎勵孩子；第八，要發自內心。

◎要給孩子一個完善而快樂的學習環境，不要因為孩子的缺點而忽視了孩子的優點；放大孩子的優點，才是促進孩子健康成長的家庭教育祕訣。

培養孩子未來的競爭力

對世界存有好奇探索的精神，也就是能主動學習、有自制力與積極性、熱情且樂於幫助別人；這些古老的德性，反而是未來高度競爭下的決勝關鍵。不妨讓孩子參加社團或公益團體，把孩子丟到學習情境中，就有機會自然而然培養出這些能力。

牙醫師、作家、環保志工　李偉文

隨著全球化競爭，幾乎全世界所有先進國家的中產階級都正在快速消失中；因為，電腦科技及通訊革命改變了職場生態，除了簡單的工作被科技取代之外，許多的工作機會外流到所謂的第三世界國家。世界已經變成「平的」，我們的孩子未來必須和全世界同年齡的孩子競爭；因此，什麼是臺灣孩子的競爭力？如何善用已有的優勢來面對未來？恐怕是我們為人父母所必須仔細思考的。

這些年來我努力嘗試的是，找出有效的辦法讓孩子對生活種種保持樂趣，然後在這樣的樂趣中學會該學會的事；而我所採行的方法，不但人人都可以辦得到，而且效果相當好。

培養溝通和團隊合作能力

我們的孩子必須具備在模糊中前進、在不確定中下判斷的能力，要能夠發想出計畫，然後實際執行，並找到一起執行完成的夥伴；因此，無中生有的能力和團隊合作非常重要。

我們已經處在所謂「不確定的時代」。即便工作表現傑出、受到老闆高度賞識，同事之間也相處愉快，仍然有可能某一天在無預警的情況下開會時決定要什麼、不要什麼，公司就關門了。我們的未來已經無法自己掌握，因此焦慮是必然的。然而，我們不能把這個焦慮帶給孩子；因為，焦慮不但無濟於事，這種負面情緒甚至會造成重大影響，形成孩子們生命中的不安全感。所以我們要先處理好自己的情緒，然後思考孩子未來到底要面對什麼不一樣的挑戰，該具備怎樣的競爭力。

我們想方設法給孩子最好的教育，無非是希望孩子長大後可以活得很好，甚至能幫助別人、自我實現等；為此，我們必須意識到孩子長大後的時空環境將與現在大不同；如果我們忽略了時空環境的改變，很容易犯下拿自己過去的經驗來教導孩子的錯誤。尤其我們知道，未來世界變動性很高，所謂產業的典範轉移非常迅速，現在所學的任何知識或技術本身，都很快會被淘汰掉；因此，若是我們現在只逼著孩子去背誦學習課程內容，恐怕是不夠的，甚至可以說完全搞錯了方向！

我們必須先瞭解十幾、二十年後是什麼樣的世界，然後在這前提下為孩子預先培養競爭力，才不會導致越是用力教、反而離我們想達到的目標越遙遠。

我們先揣摩一下未來是怎樣的世界，才能談孩子未來必備哪些條件。

我朋友的孩子正就讀國中，「公民與道德」有一次考了這樣一道題目：「以下哪一個價值觀有問題？」其中一個選項是「用功讀書是為了考好成績、可以找到好工作賺大錢。」答案正是這個選項；向來成績優異的這孩子居然選錯了！朋友大感不解；一問之下才知，原來，他的孩子覺得這個價值觀很正確，因為這正是我這位朋友平時對孩子耳提面命的話啊！

的確，對很多家長來說，孩子用功讀書、考上好學校，然後取得好的學歷再贏得好工作，似乎是我們可以把握的。但是，就一直是理工組第一志願的臺大電機系來說，目前正在就讀大學、碩士班、博士班的學生就有上千人，再加上國內外各系所出來的人才，夠多了吧！可以說，你要爭取的學歷，已經滿街都是！我們面臨的是學歷不再保障工作機會、每一個人都要更苦、更拚的高度競爭時代。

再舉一個例子。我有個朋友在外商公司當主管，他告訴我他們遴選儲備幹部的方式：從眾多錄取者中挑選出最有潛力的幾人，有計畫的訓練他們，將他們派駐在不同的國家、不同的部門去歷練；還會舉行為期幾天的新進訓練，由上級出很多作業，給他們不同的挑戰和競賽，並且全程錄影，以便觀察每一個進行過程和每一個人的互動，由此來評選。最後勝出的條件，是取決於能不能跟別人進行最多合作、最有彈性、最富熱情；換句話說，他們最重視的是與別人的溝通及合作過程。

未來世界裡，「專案計畫」執行的工作模式會愈來愈多；也就是說，即便在同一家公司，每三個月或半年，你的工作內容跟合作對象就會改變。要在不斷變動的人際組合中勝任，除了要有積極主動學習的態度之外，還必須懂得傾聽別人、表達自己，善於與人溝通，能夠與人合作、具有團隊精神；否則，即使學歷再優秀，但與人互動不良，一樣會被淘汰。

成績越好的人越容易養成一種習慣，就是把所有細節弄得非常清楚，把所有資料都仔細讀完，然後可以考試拿滿分，因為都有標準答案；我們都是這樣訓練孩子的。問題是，未來的世界變化非常快，計畫永遠趕不上變化，而且這是常態！也就是說，我們的孩子必須具備在模糊中前進、在不確定中下判斷的能力，要能夠發想出計畫，然後實際執行，並找到一起執行完成的夥伴；因此，無中生有的能力和團隊合作非常重要。

培養想像力和創造力

真正能把知識變成有用的工具、或是化為力量的武器，靠的是想像力！我們只有透過想像把知識整合起來，才能創造成有價值的東西；換句話說，我們要培養的是孩子的想像力和創造力。

賴聲川是舞臺劇大師、藝術家；姚仁祿的本業是建築師，但慈濟大愛電視臺是他創臺的，目前則經營創意公司。這兩人很不同，但都非常聰明，都寫有關創意的書，也都說過類似的話。賴聲川說：「創意是出題跟解題的過程。」姚仁祿則說：「創意就是解決問題的過程。」創意是一種生活態度，需要很多天真與直覺，未來的競爭力便包括如何善用直覺。

我們都習慣問題有解答，有標準答案的算容易的；但我們未來的世界並不一定有標準答案，很多問題的答案有很多面貌，我們必須去接受沒有標準答案的問題。此外，能夠問出好問題有時候更為重要。管理學之父彼得．杜拉克說：「過去的主管是知道如何解決問題，未來的主管是知道如何提問題。」當你習慣只接收別人的問題時，你永遠當不了主管；當上主管，就要能問出好問題。

管理者的養成，就該著重視野、包容力以及想像力與創意，然後是與人合作及協調能力，也就是所謂資源整合的能力。

我常說，包括我自己，會讀書、會考試的人，都是知識的既得利益者，所以我們容易過度高估知識的價值；如今，只要上網google，可能就會出現幾十萬筆知識，知識的取得再簡單不過了，而且不必多大成本，別人也能在同一時間獲得和你一樣的知識。此外，當代知識的更新太快，兩三年後可能就落伍、不實用了；而孩子十年、二十年後必須謀生所用的工具和知識，很可能到現在都還沒出現，我們怎麼可能教他們？因此，未來最重要的能力已經不是知識了，知識也不再是力量，頂多算是材料。

真正能把知識變成有用的工具、或是化為力量的武器，靠的是想像力！我們只有透過想像把知識整合起來，才能創造成有價值的東西；換句話說，我們要培養的是孩子的想像力和創造力。

看到這點，便有家長採用外包的方式，花錢送孩子去補習班學習想像力和創造力；然而，我認為想像力和創造力並不是可以經過訓練學習的具體科目，而是一種生活態度、一種素養、一種看世界的方法。未來的世界變化很多、很快，當我們不太能夠針對某個特定領域去學會的時候，便希望把想像和創作運用在生活的每一個片段中；不過，如果我們要特別花心思去準備、並具有某些專業技能後才能去引導孩子，那就不夠自然了。

我是透過看電影和日劇來培養孩子的想像力與創造力。先陪孩子觀賞，引導他們發問問題，再進行討論、分享；這是我們一般家長都做得到而且能做得好的操作工具，對任何孩子都有效果，還能增進親子關係。

看電影是培養孩子發問的最好工具，因為電影的材料非常多，號稱是文學、音樂、雕塑、繪畫、建築、舞蹈、戲劇等八大藝術的集合。而且，電影在世界各國都非常受重視，因為它是文化的產生；一百多年下來，幾乎所有題材、所有領域的電影都有，甚至有各種知識、各國情勢、各式各樣的紀錄片、多元的文化面貌等，都有相關影片可以觀賞。

當觀賞電影得到啟發時，就有機會提出好的觀察、好的問題。其實，要提出好的問題並不容易，首先必須看懂、瞭解，然後從過去的經驗裡去搜尋、比較，再針對眼前所見所感提出新的觀點；所以，能提出好問題的人，表示他理解過去和現在的經驗，並能想像未來。此外，提出問題也就表現出態度，必須要有熱情和勇氣，這兩項都相當重要。看完電影後的討論過程中，家長還能知道孩子有沒有同理心、能不能理解別人的言外之意，同時也瞭解他是否看懂其中的意義。

保持求知的熱情

保有對知識的熱情非常重要，讓孩子不是為了功利讀書，而基於探索知識的熱情；能夠懷抱熱情去學習，才能真正學到所需要的能力和技巧，這是孩子面對未來挑戰的重要課題。

當我們的價值觀很單一，就只是希望孩子把書讀好、高學歷然後有好工作，所以積極培養孩子的語文能力、數理能力、推理能力等；當孩子具備這些能力從事專業工作後，即便表現傑出，還是很可能遭遇種種挫折，例如公司裁員、倒閉、同事相處不快等很多無可奈何的狀況，那該怎麼辦？愛因斯坦說，一定要來自於你對知識本身的熱情，才能為人類文明和科學帶來真正的貢獻。若你的目標是為了現實條件的功名利祿，一旦不如意，你就會因挫折而退縮；但是，若你的努力是為了知識本身，全世界的挫折便都不會成問題。

安藤忠雄是日本知名建築師，他每回到臺灣演講，都是幾萬名建築師、藝術家等專業人士前去聆聽，受到相當景仰。他在當代日本長大；日本是非常重視階級、能力與學歷的國家，比臺灣嚴重好多倍，尤其強調學歷。安藤忠雄的最高學歷只有高校電工科；畢業之後，因為家境貧窮無力供他繼續就學，他只好去打零工、做粗工。他從小就非常喜歡建築物，對美學十分有興趣，加上經常閱讀建築相關讀物，夢想到世界各地去親見這些建築物，或是到現場觀摩建築過程；他的哥哥便建議他去當拳擊手，因為可以有出國比賽的機會，就能一償宿願。因此，他真的去當職業拳擊手。瞧，這位當代最偉大的建築大師，因為家境貧窮，在建築這條路上有一堵又一堵的高牆橫在他面前，障礙重重；但是，因為他對建築充滿熱情，就可以克服困難，有志者事竟成。

也就是說，保有對知識的熱情非常重要，讓孩子不是為了功利讀書，而基於探索知識的熱情；能夠懷抱熱情去學習，才能真正學到所需要的能力和技巧，這是孩子面對未來挑戰的重要課題。我們永遠無法預測十年後的世界是如何，但有些基本條件現在就要準備好，如熱情的心、易於感受的心等，這是讓孩子富有想像力與創造力的重要基底。

所以，先有渴望和態度，能夠突破僵局，然後我們再提供技巧。美國一位作家說：「當你想讓人造一艘船，不要叫他做這做那，要讓他能夠渴望浩瀚的大海。」我很相信這句話，這二、三十年來也一直運用在社團經營。我創辦過、參加過非常多社團，每個社團都是跟各式各樣的人合作，基本上我都是採用這個方法，不斷去召喚出讓人行動的渴望和力量，並且關懷他，然後讓他自己去尋找資源和技巧。

我們呼喚出孩子對知識和學習的熱情後，他在過程中需要什麼，我們再適時提供協助。例如，若要學才藝，我的建議是讓孩子先透過社團去學，等到孩子學出興趣來、能力遇到瓶頸的時候，再幫他請專家或家教來指導他；要在孩子真正有興趣時，再集中給他資源，建構他的能力。

在愛與安全感中成長

家長都很希望給孩子很多種子以應付未來的種種挑戰；重點不在我們撒下的種子，而是我們有沒有幫孩子準備好肥沃的土壤。當孩子本身的生命成長歷程就是一片肥沃的土壤時，自然會接收到很多從天空飄落的種子；可能是一位欣賞他的老師，或是引發他興趣的契機。

若是我們事事以勝過別人來建立自己的安全感，真的就比較有機會幸福嗎？因此，除了談培養競爭力外，回過頭來，我認為還有一種能力也是十分重要的——學習過平凡卻自在的人生。

嚴長壽先生在他寫的《做別人生命中的天使》中，以龍應台的兒子安德烈為例，提到他曾經跟媽媽說：「親愛的媽媽，你必須要清楚面對一個現實，就是你有一個極其平庸的兒子。」龍應台本身是教授，她的先生是德國人，也是教授；這個自認為「平庸的兒子」在歐洲長大，擁有德、英、中等多國語言能力，高中時到美國做過一年交換學生，每個暑假到不同公司實習，之後又到中國大陸和香港讀書。嚴先生問道，與這位已經擁有許多能力與條件的「平庸大學生」相比，我們的孩子又該怎麼辦？

許多家長都會不斷鼓勵孩子，幫他建立自信；但是，孩子有自信後，有沒有能力去問問題呢？我們每天跟孩子說「你是最棒的」，是不是只在喊喊口號、自我催眠而已？有朝一日醒來，孩子發現自己的能力並沒有想像中那麼棒，會不會造成更大的挫折和障礙？

又或者，當我們不斷跟孩子說要用功讀書，目的就是要贏過別人才能獲得好工作；但是，萬一他已經很努力讀書了，成績也很不錯，進入職場卻還是不順利，到時該怎麼辦？我們都是過來人，很明白在社會上工作有很多因素並非我們所能控制，甚至我們的努力未必會被看見。

所以，當我們不斷鼓勵孩子的時候，也要相對的提供適當的能力來搭配，這一點常被家長忽略了。我認為，當孩子付出努力仍無法在競爭中贏過別人時，我們必須讓孩子明白：不管別人是否能肯定自己，自己是不是能夠獲得別人眼中的成功，都要能不失望、不沮喪，瞭解自己的價值，知道每一個人都是不一樣的，「幸福」對每個人而言也都是不一樣的；能夠決定是否幸福的不是別人，而是自己。

讓孩子發現自己的價值而過得很快樂，可以從兩方面著手。第一，讓孩子建立自己的興趣，從興趣中獲得被注意、被肯定的機會，讓他發揮興趣並做出名堂來。如果興趣表現也不突出，至少可以讓孩子懂得欣賞；能欣賞音樂、藝術、大自然的話，基本上精神生活會比較豐富，也就比較不會在意外在的成功或失敗。因此，我們需要幫孩子培養興趣，或者說是幫他建立心靈上的寄託，也就是懂得欣賞、自省和獨處。

另一方面，即便成績很差，但如果人緣好，孩子還是可以過得很快樂。人緣好的人能夠懂得體貼別人；而要讓孩子懂得體貼，我的做法是讓他喜歡看課外書或電影，透過閱讀和觀賞融入、體會不同生活屬性的人，感受別人的心情而培養同理心；當然，我們要陪著觀賞並引導或與他們討論。一個有同理心的孩子能懂得去關懷別人，人緣自然比較好，也就過得比較快樂。

和從前大不同的是，從前的爸媽可能沒有吸收什麼教養資訊，即使教錯了，孩子還是會長大；然而，現代的爸媽連要如何陪孩子玩，都要去學習、去補足這個能力。現在是資訊爆炸的時代；對於五花八門、層出不窮的資訊，教我們去培養孩子的各種能力，我們不妨將之視為「種子」，可以想像所有的能力和知識都像一顆顆種子，代表希望、代表未來。家長都很希望給孩子很多種子以應付未來的種種挑戰；但是，我們撒下的種子有可能是撒在水泥地上，永遠不會發芽；也有可能是撒在沙漠上，難以發芽。我們當然希望種子是撒在肥沃的土壤上，能夠自然而然的發芽茁壯；所以，重點不在我們撒下的種子，而是我們有沒有幫孩子準備好肥沃的土壤。當孩子本身的生命成長歷程就是一片肥沃的土壤時，自然會接收到很多從天空飄落的種子；可能是一位欣賞他的老師，或是引發他興趣的契機——一場電影、一個表演或是一本書。

要怎麼幫孩子準備肥沃的土壤呢？基本上有兩個重要的前提。第一就是，孩子必須在愛與安全感的環境下長大。大家都明白要愛孩子；但是，我們要很小心的去愛，避免很多以愛為名的行為出現，比如我們的自尊、好面子，會不會其實藏在愛的包裝裡呢？

孩子在成長過程中，尤其是幼稚園和小學階段，一定要給他安全感。在三種情況下孩子會很沒安全感：第一是失親或很親近的家人過世；第二是家庭氣氛很糟，父母情感失和、常爭吵。不過，老實說，這兩種狀況我們都沒辦法顧及。第三種狀況則是比較可以掌控的，就是避免搬家；孩子若轉學到別的學校與班級，同學們彼此都很熟悉，只有他一個陌生人，他會很沒安全感的。若我們真的迫不得已必須搬家並讓孩子轉學的話，一定要在轉換階段的時候，例如幼稚園升小學、或小學二年級升三年級、四年級升五年級等；因為在臺灣一、二年級是同在一班，三年級會重新編班，到五年級又會再度重新編班。

自主學習

希望孩子經得起挑戰的父母，與其拚命灌輸孩子長大時已經落伍的死知識，還不如瞭解他的潛質，培養他對生活的熱情與主動求知的能力，關鍵就在於自主學習。

如果孩子覺得他想做什麼、要學什麼都可以自由選擇，他的心靈會比較自在開放而有感受；反之，當他的所有事情都是被安排好的，他會覺得喪失了什麼。

我朋友的小孩很優秀，從小就學鋼琴，是臺北市鋼琴比賽的常勝軍；但他觀察到，孩子的資質雖然不錯，卻不快樂，所以上國中後就放棄學鋼琴了。家長必須注意孩子對學習是否有熱情；有時候孩子之所以表現很好，是因為他們很單純，希望討父母和老師的歡心而已。許多資優班的孩子，其實是因為有資優的父母親，很重視教育，幫孩子請很多家教、做很多努力；換言之，孩子能上資優班，其實是父母的功勞啊！

希望孩子經得起挑戰的父母，與其拚命灌輸孩子長大時已經落伍的死知識，還不如瞭解他的潛質，培養他對生活的熱情與主動求知的能力，關鍵就在於自主學習。有一份報告很有趣，是從不同時代、不同年齡、不同產業——如藝術、科學、哲學等各領域中，找出對人類文明帶來傑出貢獻，而不是賺大錢的人，追溯他們的成長歷程發現，即便他們有不同的成長背景、不同的學習能力，但基本上都有一個共同點，就是童年階段都有一段空白期，都玩得開開心心、無憂無慮。

當然，臺灣的家長們大概很少有人有這種氣度讓孩子一整個暑假閒閒沒事幹；所以，退而求其次，我認為該讓孩子保有生活的選擇權，至少讓他保有心靈上的空白。那該如何操作呢？就是要多用點「心機」，讓孩子覺得我們很尊重他，他有自由選擇權；而其實無論如何，孩子的選擇都還是掌握在我們的手裡。

有位家長告訴我，當初他的孩子剛考過英檢初級時，他要孩子再接再厲去考中級，還主動幫忙準備教材幫他補習，孩子卻完全不領情，還覺得考試很無聊。但是，過了幾天，有三個同學紛紛打電話來請教孩子如何準備英檢考試後，孩子的興致被激起來了，主動要求要準備考英檢中級。

這個例子說明，很多家長主動的用心良苦反而造成反效果。即使是可以開拓視野、多方學習的活動，如果由家長苦口婆心的勸孩子參加，他可能會認為爸媽就是要把他的假日安排得滿滿的，他寧願在家裡打電動，或是去踢足球、打籃球。因此，我們需要安排契機，想辦法透過孩子的死黨或他所喜歡的老師來鼓勵他；藉由這些外圍、間接的婉轉力量來引發孩子的動機，往往要比爸媽直接逼促更有效果。所以，爸媽為達目的必須要善巧謀劃，就是多用心機。

我的做法是讓孩子參加許多共學團體和社團；因為，同樣是學東西，若有一群好朋友一起學習，效果會好很多。當然，也有家長喜歡請家教或是送去才藝班之類的，這和參加社團最大的差別就在於——錢，前者要比後者多花很多錢。正因為老師收費教學，所以教得特別認真、要看到成績；家長付費讓孩子上課，也會要求看到進度和成績；如此一來，雙方都有壓力，有壓力就不容易獲得快樂。

此外，社團可能有公演等特別活動，就能從中學習更多；學習較久的成為學長，就可以教導學弟妹，正好可以訓練領導能力與輔導能力；同儕成為麻吉夥伴後，更能在打鬧玩耍中快樂學習。

我的小孩沒有參加補習班、安親班、才藝班，就只是透過參加社團、參加比賽來訓練各種能力。孩子放學後，我就帶他們去圖書館寫完作業，也從圖書館借書回家；回家之後，因為家裡沒有電視機，所以有很長的休閒時間，就利用這段時間參加社團。我們鼓勵孩子報名參加學校內外各種比賽，這些比賽是他們自己願意參加的，而且比賽本身跟學校課業無關，所以得不得獎都沒有壓力。透過參加各種不同的比賽來培養各項能力，又因為都很認真準備，所以成績表現都不錯，也就讓孩子更願意面對挑戰。

到了小學四年級時，孩子有一天對我說他很忙、沒有時間，這讓我感到害怕——是不是我把孩子的時間排得太滿了？就在我反省之際，他去參加《國語日報》的作文比賽複賽，題目是「我最快樂的一天」。我覺得這題目很簡單，沒想到孩子竟然說他不會寫；這太奇怪了，這題目應該難不倒他啊！結果，他說原因是：「我每天都很快樂，所以我不知道哪一天最快樂！」我聽了好開心啊！

我常和孩子討論每天怎麼過，讓孩子自己寫計畫表，包括多少時間玩、多少時間寫功課，我們也會陪伴他。雖然孩子很忙，但我們讓他有自由選擇權，絕不會硬性規定該做什麼；孩子有主導權才會願意自己安排，而不是混過去就算了。我想，這就是孩子快樂的原因，並能從中訓練出很多能力，而且主動、積極。

再舉個例子。孩子有一次參加學校的英文演講比賽。他們班上其實有幾位英文非常好，可能有請家教或是在國外住過；比賽結果卻是我的孩子拿到第一名，要代表學校出去比賽。事後我們才知道，那些英文很厲害的孩子，根本沒讓家長知道有這項比賽，所以就沒報名參賽了。可以想見孩子的心理是：每天一早出門、晚上回家，在學校、安親班、補習班裡應付沒有間斷的考試已經太煩了，幹嘛再給自己找麻煩去比賽呢？所以那些孩子就沒有主動性，而主動性是非常重要的！

抱著對世界好奇探索的精神，也就是能主動學習、有自制力與積極性、熱情且樂於幫助別人，這些古老的德性反而是未來高度競爭下的決勝關鍵；然而，這些能力很難在現今的學校體制內被訓練出來。所以，我們家長要自力救濟；除了以身作則之外，不妨多讓孩子參加學校社團或社會上的公益團體，把孩子丟到學習情境中，就有機會自然而然的培養出這些能力。

送給孩子的三樣禮物

我認為家長要送給孩子三樣禮物，並且要將這些禮物設定在小學畢業之前送給孩子，還須檢視他是否收下了；有了這些禮物，即便以後我們不在他身邊，他也有能力應付未來的挑戰。你會送孩子哪三樣禮物呢？

對於培養孩子面對未來的競爭力，我們並不急於採用東補習、西家教的知識訓練方式；因為我覺得，讓孩子保持對生活的熱情，對周遭環境與世界抱有強烈的好奇心，以及養成規律且自制的習慣，這樣的態度與素質，才是以「不變應萬變」的武功心法。

於此同時，我認為家長要送給孩子三樣禮物。從孩子出生後，我就在收集這三樣禮物，思考什麼是我們可以給孩子的最重要能力；而且，在給了他之後，即便以後我們不在他身邊，他也有能力應付未來的挑戰。

這三樣禮物必須可以操作，而且在小學畢業之前能夠檢視孩子有沒有收下來；因為，孩子上國中之後，會經過青春期，加上很多課業上和同儕的需求，家長的影響力就變得越來越小。因此，我們一定要將這些禮物設定在小學畢業之前送給孩子，並檢視他是否收下了。

你會送孩子哪三樣禮物呢？這個問題必須仔細去思考。如果我們沒有刻意去準備，沒有刻意去操作，沒有刻意去讓他拿到，日日月月年年，孩子成長得非常快，時光很快就一去不復返了。

我個人要送孩子的禮物，第一個是生活常規的養成，包括飲食習慣、運動習慣、幾點鐘睡覺、幾點鐘起床，做家事等。

所謂常規就是規定，不能討價還價。我要求他們每天要做家事，例如摺衣服、假日時幫忙洗菜、煮菜等。規定睡覺時間，小學一定九點鐘上床，九點半熄燈；上國中就十點鐘上床，十點半熄燈。又例如，他們只能喝白開水，其他飲料全部不能喝，出門也都是自己帶開水；即便到朋友家，也只能喝自己水壺裡面的水。

此外，我讓他們參加運動型的、有比賽性質的社團，每天運動並養成習慣。例如，他們小學參加扯鈴校隊，還學會獨輪車、舞龍舞獅、踩高蹺等雜耍，後來就代表學校去表演，每天的練習就是做運動。

還要讓他們養成簡單的飲食習慣。身體健康是一切的根本，百分之六十以上的健康與疾病問題都是飲食造成的。我們要用鼓勵的方式讓孩子經歷一、兩年健康的飲食方式並養成習慣，以保持一輩子的健康，這是家長很重要的責任。

第二個禮物是看課外書。喜歡看課外書的孩子，表示他對世界充滿熱情與興趣，也代表他有終身學習的能力，新的知識產生時有能力很快速的去接受；不管世界怎麼變化，都有能力去追尋更多的知識。

第三是領導與被領導的能力。領導跟被領導是不一樣的。領導的能力就是表達的能力；如果連話都講不清楚，怎麼能夠領導別人？而被領導的能力就是傾聽的能力；你要聽懂別人在講什麼，才能被人家領導。表達跟傾聽這兩種能力非常重要。

我訓練孩子做口語表達和書寫表達。我從他們小時候就不斷鼓勵他們去表演、去發表，甚至鼓勵他們參加竹板快書、對口相聲；因為我的孩子是雙胞胎，學相聲很好玩，客人來的時候就是表演一段對口相聲。至於傾聽的能力，能聽懂別人話中的意涵或弦外之音很重要；這點我就透過看電影、討論電影、討論書，看看他們懂不懂得別人心裡的感受，這是傾聽能力的培養。最好是在團隊裡面學習領導和被領導的能力，參加社團就自然可以學會這些能力。

這三項重要的能力，我認為，在孩子小學畢業前都確實給他們了。他們上國中之後，我們沒花那麼多時間陪他們，但一切都很好、很輕鬆，因為他們懂得安排時間，懂得主動。我覺得給他們的禮物功效非常大。

最後，我個人這些年來有個很重要的信念，就是我花很多時間在環境保護運動。我始終相信人是不能自外於環境的，不可能獨善其身；只有我們的環境好，我們才會好，教育也是一樣。我很樂意將這幾年試驗過並有效率的方法分享給所有朋友們，祝福我們的孩子都能培養面對未來的競爭力，並能在快樂中成長。

親子格言

◎焦慮不但無濟於事，這種負面情緒甚至會造成重大影響，形成孩子們生命中的不安全感。

◎家長必須注意孩子對學習是否有熱情；有時候孩子之所以表現很好，是因為他們很單純，希望討父母和老師的歡心而已。

◎藉由外圍、間接的婉轉力量來引發孩子的動機，往往要比爸媽直接逼促更有效果。

正向心理在親子關係的運用

植物往光的方向成長，人往鼓勵的方向努力；讓孩子可以堅持到底的毅力，一定是從爸爸媽媽的鼓勵而來，要壓力加鼓勵才能發揮潛力，孩子才能往成功的方向邁進。當任何事你都用樂觀的態度去迎接，就會比較有智慧去面對挑戰。

實踐大學家庭研究與
兒童發展學系助理教授　林祺堂

我喜歡說我是「追求心靈極度自由與幸福的學習者」，這同時也是我對自己的期許。我熱愛自由；但要如何兼顧自由與幸福，則是我正在努力學習的過程。此外，創意幽默是我生命中最重要的元素。

先賞識自己與伴侶

與孩子相處，是重新省思自己與伴侶關係的時刻；因此，在能真正賞識你的孩子之前，應該要能先學會好好欣賞自己與伴侶，以及享受良好的伴侶關係。

很多人熱衷聆聽親子講座，無非是希望學到有效的親子教養方法；但是，曾有一位媽媽表示，她每一次聽完回家，就會認真嘗試運用在親子互動上，最後卻多半用不上，因而沮喪的直說自己是個失敗的母親。

我要提醒父母，能夠判斷你是不是一位有效能的爸爸或媽媽的，不是別人、不是演講的親子專家，而是你的孩子；所以，我們要向我們的孩子學習。抱著這樣的心態，你會發現，孩子教我們的其實遠比我們教他的還多；因此，我們要向孩子說感恩，要和孩子互相學習，並成為孩子生命中的貴人。

媽媽通常對孩子都有很高的期望，希望他聰明伶俐、乖巧聽話、做事情很有原則，最好完美得跟自己一模一樣。於是，我們常聽到媽媽說：「我這個兒子啊，聰明、反應快，做事情又負責，果然是我兒子。」但口氣一轉：「可是，這個女兒啊，唉！迷糊不說，做事情總慢半拍，簡直就跟她爸爸一模一樣！」由這段並不陌生的話語，我們都能聽得出，這位媽媽對自己十分肯定與欣賞，對另一半就抱怨他不夠好了。

心理學家告訴我們「物以類聚」：一個人會跟自己的心理層次差不多

的人聚在一起；換句話說，親與子的關係，正是自己與自己重新相遇相知的因緣。

親子關係就像是生命的延長線，也像彼此交錯卻又獨立的兩條線。十月懷胎的寶貝，在神奇的排列組合下，承襲著父母雙方兩個家族的基因；孩子不是像自己，就是像另一半，或者兩方都像一點點。如果有願意不斷成長、不斷進步的爸爸及媽媽，也一定會有不斷求新求變的孩子；基本上，親子之間會互相影響而一起進步。願意求新求變的爸爸、媽媽是值得讚賞的，因為你們在做最佳示範，身教永遠比言教更重要。

與孩子相處，是重新省思自己與伴侶關係的時刻；因此，在能真正賞識你的孩子之前，應該要能先學會好好欣賞自己與伴侶，以及享受良好的伴侶關係。

在此之前，可能還要先瞭解「自己是誰」。說到這裡，我想到兩個笑話——

一位先生趕著出國，現場買機票時因為很趕所以插隊；櫃檯的售票小姐相當遵守公平原則，她看著那位先生說：「請排隊！不要插隊，我們會動作快一點！」這位先生惱羞成怒的說：「你知道我是誰嗎？」售票小姐不疾不徐的打開廣播系統播報：「各位旅客，您好，請各位幫個忙。這裡有位先生不清楚自己是誰；如果您可以幫忙辨認，我們將致贈您精美撲克牌！」

另外一個笑話：有個女生買電影票時也是亂插隊，被中途插隊的先生很不高興的要她去排隊，小姐便生氣怒嗆：「要我排隊！你知道我爸爸是誰嗎？」先生看了一眼說：「小姐，對不起，這個忙我沒有辦法幫妳；妳應該回去好好問問妳媽，只有她知道是誰，可能她有苦衷我們不知道……」

雖是兩則笑話，我想提出的重點是：我們瞭解自己是誰嗎？

你會如何形容自己呢？熱情或冷漠？正向或負向？好吃懶做還是勤勞富愛心？你知道孩子最喜歡你的哪一點嗎？我們必須正向的瞭解自己，特別是在親子關係上。

首先，便是不要將自己的期待加到孩子身上，孩子雖然生自我們，卻跟我們是不一樣的個體。分享個小故事：有位爸爸帶著孩子逛街，路經豪宅時，因為他們老是被房東趕來趕去的到處租房子，小女孩便拉拉爸爸的手問：「為什我們沒有住這樣的房子？」爸爸一時語塞，不知如何回答，只好說：「妳要認真念書，將來就可以住進這種大房子。」小女孩便又拉拉爸爸的手問：「那你以前怎麼不認真念書？」

想想看，我們是不是也常把自己做不到的事情加在孩子身上呢？

無可厚非的，我們一定有比較喜歡和比較討厭的人與其個性；不過，一家人都是從同一個環境塑造出來的，我們不能接納家人的那一部分，往往就是我們不能接受自己的部分，只是不願正視或承認罷了。因此，學會跟自己相處，你就能慢慢的學會跟孩子相處。要能打從心底賞識孩子，就要先會自我賞識；唯有能真誠的賞識自己，欣賞別人的態度才會真誠。換句話說，我們會不由自主欣賞喜歡我們的人；相對的，當我們更喜歡自己，也更能打從心底欣賞自己的孩子。

正向心理學思潮

《祕密》這本書所揭露的吸引力法則，以及後現代的諸多心理治療學派，都深受正向心理學思潮影響，讓我們從以往關注的「悲苦、挫敗、病態」，轉向「幸福、快樂、希望、能量」的理解與實踐。

心理學發展至今已一百多年了，我們常聽到憂鬱症、躁鬱症、強迫症等名詞。強迫症反映出內在焦慮的現象，是一種強烈的儀式化抵銷行為；例如，過於潔癖的人洗澡要洗很久；有些人開車一定要向右彎，以致原本三十分鐘的路程要開四十五分鐘。這些都是疾病的心理研究；然而，瞭解這麼多疾病及病因，我們並不會比較快樂。

但是，二〇〇〇年以後，心理學家開始反思我們的研究而發展出樂觀的嘗試建議，找出對我們的身心有正面影響的元素。例如，從前大家談臺灣人的痛苦指數是多少，總是愈談愈痛苦；現在，大家則改為研究幸福指數，討論臺灣人的幸福指數多少，以及如何獲得幸福的能量。這就是正向的心理研究。

正向心理學思潮是目前很夯的顯學之一；例如，《祕密》這本書所揭露的吸引力法則，以及後現代的諸多心理治療學派，都深受其影響。正向心理學讓我們從以往關注的「悲苦、挫敗、病態」，轉向「幸福、快樂、希望、能量」的理解與實踐。

要引導出正向的力量，關鍵在於知覺、認知的習慣轉換，乃至於我們做事的方法都要改變；最簡單的，從口頭禪就能得知你的直覺念頭。例如，今天來聽演講，你到達時發現位子都坐滿了，只剩下最前面少數幾個空位；你的第一句話是「真衰！要坐那麼前面」或是「真棒！坐前面看得、聽得更清楚」？從這口頭禪，就能得知你通常是正向或負向思考，也就表露出你的樂觀指數了。

全臺灣最有錢的人是否也是全臺灣最快樂的人？為什麼我們總去調查最有錢的人，而不去調查最快樂的人呢？快樂跟金錢有關嗎？有多少錢才會感到快樂？小朋友應該不會比大人有錢，為什麼小朋友通常比大人快樂得多？

根據研究，年收入在一萬美金以下的國家，收入越高越快樂；而收入在一萬美金以上的國家，收入越高並不會越快樂。有人如此說：錢夠用最快樂。覺得錢夠用，會比覺得有多少錢更重要；而且，快樂跟地位、學歷及信仰都不一定有關。另一個指標是，有一群人能互相幫助、能彼此依靠時，就會感到比較快樂；尤其是在你困頓無助時，挺你的朋友可能就會給你十個活下去的理由。

有些人認為快不快樂和基因有關，但其實比重不會超過一半，影響最大的還是父母的身教。

美國哈佛大學教育研究院的心理發展學家加德納（Howard Gardner）在一九八三年提出多元智能理論，認為一個人不是只有傳統重視的邏輯數理和語文智能而已，其他還有空間智能、音樂智能、運動智能、人際關係智能、自我內省智能、自然觀察者智能等。

我人生受挫的第一個科目是高中的音樂課。我們的音樂課要求非常嚴格，老師完全沒有笑容，看上去令人不寒而慄。第一次隨堂考，老師要同學一個個上臺按照樂譜唱出旋律，節拍一錯就是零分；全班同學當時個個臉色凝重，而我根本是腿軟了。輪到我時，我噹—噹—噹噹噹的勉強唱完，結果得到二分。最後全班只有三個人得六十分，因為那三人全是已經上過課的重修生，再被當就後果不堪設想了；而我之所以還有二分，大概是我當班長而得到同情分數吧？

雖然當時很受挫，但受挫是人生中很重要的歷練；有受挫，人生才知道要去學習。從這個角度來看，祝福人家一帆風順其實是很「惡毒」的。

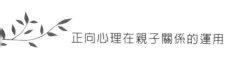

EQ又叫做情緒商數、情緒智慧，是指一個人管理自我情緒以及管理他人情緒的綜合能力；其表現的舞臺，是將情緒的原理運用到人際互動上。簡單的說，你要如何與先生、太太和孩子相處，這就是情緒管理能力。

一般人通常認為有負向情緒是不好的，因為負向情緒反映出負向能量；人在憂愁時，細胞都是皺巴巴的，所以我們不應該生氣或難過，應該隨時保持冷靜與理性。然而，我認為這不完全正確。其實，有負向情緒是很正常的，因為人都會做錯事、都有脾氣；問題是在「生氣」這門大學問——如何好好紓解脾氣，能達到效果卻不傷人。

親子之間經常為了聯絡簿發脾氣；孩子總是拖到睡前才想起有功課還沒做，然後要求爸媽先簽名一下，這就惹爸媽生氣了。生氣的背後是一股力量、是一種堅持，更可以瞭解內心在乎著什麼樣的價值；讓我們試想一下，若當年國父孫中山先生革命是用寧靜祥和的態度，溫良恭儉讓的對滿清政府說：「您好，我來推翻您了！」恐怕歷史就改寫了。

情緒反映感受，反映人內在的需要和渴望，瞭解情緒有助於深入探索、瞭解自己。人都有喜怒哀懼；一個不懂得好好釋放脾氣的人，一個因沒有感受而不會生氣的人，才是低EQ吧。每個人都有情緒，重要的是探索情緒背後的內在需要。

期末考若是每個人都考九十九分，你認為會皆大歡喜嗎？我看未必，一定有人會覺得不公平：我這麼努力拿九十九分、他沒讀書憑什麼也拿九十九分？老師根本沒在改考卷嘛！所以重點並不是「這件事」左右了我們的情緒，而是「我如何看待這件事對自己的影響」——我們的價值觀，決定了我們的情緒。因此，情緒是自找的，要自己負責。

要問自己的是：我掌握到那把情緒的鑰匙了嗎？

高EQ的內涵與真諦

高EQ者的五大核心內涵：知己、挽救、激勵、知彼、處世。高EQ的真諦，就是指能正確覺察自己的情緒，並能以適時、適地、適切的表達方式來傳達出內心真正的心理需求。

當別人譏笑你很醜時，請記得，別人的評論不等同於真正的事實，情緒的鑰匙不要交給別人，要掌握在自己手中，這是你的權利；你要有跟自己相處的能力，才能跟別人好好相處。當你愈能看見自己的好，就愈不用在意別人只看到他認為的不好。

正向積極的情緒是我們喜歡出現的；反之，負向情緒是我們不期待的。你可想過，你的臉上最常出現哪一種情緒呢？

感受是靈魂的語言；所謂「相由心生」，你邀請什麼樣的靈魂狀態在你的臉上，你的臉就會慢慢的煥發出那樣的狀態。因此，我們要常常邀約快樂能量富足的靈魂來到心中，要將情緒的鑰匙牢牢拿在手中。

高EQ的人會有五大核心內涵：

一、知己——自覺／自知之明：瞭解當下情緒、內在需要，以及覺知自我的優勢與限制。

二、挽救——駕馭心情：擁有極佳挽救負面情緒的能力，從負面轉為平靜。

三、激勵——正向自我激勵：能不斷激勵自己去達成目標。

四、知彼——同理心：能覺察他人的情緒狀態並滿足其情緒需求，亦即正確覺察、適切回應。

五、處世——社交技巧：發揮圓融的人際關係技巧。

高EQ的真諦，就是指能正確覺察自己的情緒，並能以適時、適地、適切的表達方式來傳達出內心真正的需求。

什麼時候會有快樂的感覺？什麼時候會感到有希望？什麼時候會處在悔恨的狀況呢？悔恨是後悔加恨意糾結的情緒，非常不健康，也就是一直拿別人的過錯來折磨自己。要能自我激勵，這是跟自己相處很重要的智慧；至於同理心，則是跟別人相處很重要的智慧。瞭解自己的優勢也同樣重要，而且要懂得管理自己的情緒，尤其是會傷人的憤怒。

有個值得省思的故事：有位爸爸有一部法拉利紅色跑車，某天因下大雨就沒開車去上班。念幼稚園大班的小女兒很聰明，平常看媽媽刷鍋子刷得又快又亮，而爸爸擦車總是又慢、又不夠亮，她便興沖沖的拿著媽媽的鋼刷去替爸爸刷車子。

小女兒刷了整整一小時，刷得汗流浹背，但好有成就感。爸爸下班回來，看到自己的紅色愛車變成坑坑疤疤的破車，旁邊正站著手拿著鋼刷的「現行犯」；這爸爸氣到抓狂，二話不說的把小女兒吊起來，任憑女兒求饒也不為所動，就是要給女兒一個教訓。三小時後，爸爸猛然想起，衝進車庫時看女兒只剩下一口氣，兩個手掌發黑已經嚴重壞死，必須截肢，爸爸自責不已。小女兒手術後的適應力很強，復原很快，雖然沒了手掌仍然活蹦亂跳，過了一段時日，當那部紅色跑車修復如新的回到家裡時，小女兒天真的說：「爸爸好厲害呵，能把車子變回漂亮的紅色耶！那你什麼時候把我的手修好呢？」故事的最後是，那位父親當晚自盡了……這就是憤怒的代價。

人在憤怒的當頭，會失去理智，聽說智商不會超過五歲。氣頭上，千萬要三思。

請各位父母不妨用錄音機錄下家中成員二十四小時之內的對話，然後找出你最常講的是哪些話；可能我們會發現，最常對孩子講的五句話大概是：去吃飯、去寫功課、去洗澡、去刷牙、去睡覺。如果這五句話能改成：我愛你、謝謝你、親親、抱抱、你好棒，該有多好啊！

有一位女士嫁作人婦後，天天把家裡的五層樓地板從上到下擦一遍，把家裡打理得亮麗如新，老公天天早出晚歸，一點都沒把亮晶晶的地板看在眼裡，有一天還問太太：「妳為什麼這麼喜歡擦地板啊？」這個大哉問，讓這位太太很有智慧的反問自己：為什麼我所做的他沒有領會到？我做的是他需要的嗎？

這就是同理心問題。愛，就是在別人的需要上看見自己的責任；愛一個人不是給他你認為最好的，而是給他最需要的。所以常言說「相愛容易相處難」，相處最是需要智慧。

愛，是人世間不可或缺的元素；要讓愛你的人懂你之前，你必須先懂你自己。考你一個問題：白雪公主跟白馬王子、灰姑娘跟王子、以及睡美人跟王子，哪一對比較幸福呢？這些故事的結局都是「公主跟王子從此過著幸福快樂的日子」。當我又加上第四對「史瑞克與費歐娜」作選項時，有個學生立即回應當然是史瑞克與費歐娜最幸福——因為他們的電影連拍了四集，其他的都只拍一集而已。

而我會開玩笑說，前面三對最後都離婚了：白雪公主和白馬王子會因為擠牙膏的方式不同而吵架；灰姑娘每天髒兮兮的，王子根本受不了；睡美人每天都愛睡懶覺，王子也受不了。只有史瑞克與費歐娜會幸福，因為他們共同經歷一些危險，患難見真情，還能彼此貢獻智慧、一起解決問題，這樣的真情才能通過時間的考驗。

要愛子不要「礙子」

當孩子慢慢長大，到了國中階段，這是親子關係最容易出現緊張的關鍵期。青春期的孩子努力嘗試證明自己的能耐，對於內在的騷動又說不清楚；另一方面，這時期的媽媽通常也進入更年期；當青春叛逆期遇上更年期，若不能好好處理，通常是兩敗俱傷啊！

我們通常都比較會照顧下一代而不會照顧上一代。不妨寫下你希望小孩如何愛你的十種方式，也同樣讓孩子寫下希望你如何愛他的十種方式，結果可能大不相同，我們就會瞭解孩子真正的期待和需要。所以，我們要經過不斷練習，才能知道小孩的需求；而且，知道以後還要經過智慧判斷，確認究竟是他「想要」的還是真正「需要」的。

同樣的，如果爸媽最辛苦的地方，孩子也有所體會，我想，爸媽會覺得再辛苦都值得了。有時，當小孩輕輕說聲：「媽媽妳好辛苦呵！」我們就會忘掉一切的辛勞。

重點是，父母的認知跟孩子所瞭解的是不是一樣？我們如何在原則與愛中，和孩子取得平衡的共識？這的確不容易啊！

你最欣賞、最喜歡自己的優點是什麼？同樣的，你認為自己有哪些部分待改進呢？大部分的爸媽都要求孩子要考滿分或接近滿分，如果考了九十八分，就會責怪孩子被扣分的那一題「都複習好多次了怎麼還弄錯！」但是，反省自己，是不是一個滿分的爸媽，恐怕很多人都不敢理直氣壯說自己達到標準了吧？

有位護理長跟我說，她的人生只有九十分；「其實，就算我做到一百二十分，我仍然覺得我只有九十分；因為，不管我怎麼做，我媽媽從來都不覺得我很好。」她從小就活在媽媽始終認為她不夠好的壓力下，她自認永遠都突破不了這個魔咒；因此，即使她是同事眼中的優秀人才，她仍一點都不快樂。

請各位爸媽學習散發一種信息：孩子是被欣賞的！同時要讓孩子知道、感受到。爸媽一定希望孩子瞭解你的用心良苦，我們要愛子，絕不想變成「礙子」。

當孩子慢慢長大，到了國中階段，這是親子關係最容易出現緊張的關鍵期；青春期的孩子，努力嘗試著證明自己的能耐，也還沒學會說清楚內在的騷動，面對長者的關心會抓不到回應的語句，可能他只是要說理，卻被視為頂嘴。另一方面，這時期的媽媽通常也進入更年期；當青春叛逆期遇上更年期，若不能好好處理，通常是兩敗俱傷啊！

臺灣的「父母症候群」，就是拚死拚活的犧牲自己來成就下一代。比方說，我們常聽到：「我這麼做都是為了你好！」我們通常都把孩子當作生命的延續、自己的私有財產；因此，自己沒有完成的期望，都會寄託在孩子身上。例如，要孩子學鋼琴，原因就是媽媽以前很想學，但因為家境不好、沒辦法學；所以，現在拚命賺錢讓孩子去學。可是，你問過孩子他真的想學嗎？這是爸媽很複雜但很重要的功課，要去理解學琴究竟是在觸發孩子的熱情，還是挫折他的能力？如何才能真正啟發孩子的熱情？父母需要用智慧去判斷。

千萬不可認為孩子可受自己掌控，也不要單一的認為孩子不聽話就是「不孝」。有這麼一個故事：有一個孩子超級聰明，從小到大考試都是第一名，大學一如預期考上醫學系。不料，念完第一年，他跟媽媽說要轉系，媽媽不認同的回答：「你已經念到全臺灣最好的科系了，還要轉什麼系？」她根本不知道，這個孩子並不喜歡碰到血；但是，他聽媽媽的話，繼續念下去，而且每學期成績依舊都是第一名，內心卻始終無法克服面對血的恐懼。畢業典禮那天，他站在學校最高樓層迎接前來觀禮的爸媽；當父母看到他的那一刻，他從上面跳下……這是一個讓人心酸的故事。

究竟要如何瞭解孩子喜歡什麼、不喜歡什麼？如何激發孩子的潛能？在要求與尊重之間如何取得平衡？我認為，一定要建立暢通的溝通管道。

愛之適足以害之

現代父母因為生得少，所以加倍疼愛子女，捨不得他們吃苦。然而，父母親要知道，必要的辛苦非常重要，我們這一代就是經過必要的辛苦才換得生活的智慧；若省略了這個過程，正是愛他適足以害他。

有一個家庭養了一群毛毛蟲。毛毛蟲結繭一段時間後，當其中一隻花了很長的時間，終於咬破一個洞破繭而出，再慢慢的揮動翅膀、蛻變成美麗的蝴蝶時，已經歷了兩個多小時。所以，當另一個蛹蠢蠢欲動時，這家人發揮了悲憫之心，在蛹上剪了一個洞、幫助毛毛蟲掙脫出來；果然，毛毛蟲很快就鑽出洞了，卻也就這麼「掛了」。學者表示，毛毛蟲就是需要去掙扎、去突破，才能把身上的血液流到全身；若把那個重要的奮鬥過程去掉，原以為是愛護它，結果卻是害死了它。

這是現代父母的通病，也是很重要的學習功課；因為生得少，所以父母加倍疼愛，捨不得孩子吃苦。然而，父母親要知道，必要的辛苦非常重要，我們這一代就是經過必要的辛苦才換得生活的智慧；若省略了這個過程，正是愛他適足以害他。所以我總是說，一帆風順是「惡毒」的祝福；

若沿途都一帆風順，連一點風浪都沒面對過，當他遇上風浪時，他怎麼會處理？這後果又是誰造成的呢？

我很喜歡仙人掌，但後來我不敢養了，因為養仙人掌需要很大的智慧。仙人掌通常都不是枯死，而是被水淹死的；因為我們會有補償心理，總覺得太久沒關注它，就多澆了一點水，仙人掌就這樣被淹死了。

這個心態跟現代父母的心態很像。父母沒有那麼多時間照顧孩子，所以買一堆玩具，讓孩子覺得他有得到愛的感覺；但是，教養不能只求質，必須質與量兼顧。

父母都有一種「隱形的完美主義」，就是對孩子抱持高度期望，望子成龍、望女成鳳，期待塑造出多才多藝、成績優秀、快樂自在、獨立自主、孝順感恩、乖巧聽話、身心健康、創意豐富、善解人意、人見人愛、功成名就、日進斗金的孩子……但是，若只能有一種要求，你會希望是哪一個？父母似乎都會優先選擇快樂自在；然而，弔詭的是，我們有讓孩子往這個方向走嗎？我們是不是該常常提醒自己最在乎的是什麼？

那麼，孩子又希望碰到怎樣的爸媽呢？我們應該去調查，這些多才多藝、成績優秀、快樂自在、獨立自主、孝順感恩、乖巧聽話、身心健康、創意豐富、善解人意、人見人愛、功成名就、日進斗金的孩子，他們最希望爸媽具備怎樣的條件？

「天下無不是的父母」，這句話已經被打了很大的問號。過度照顧、過度疏忽及過度安排，都是教養中經常被提到的議題。父母也經常好為人師，但總是說得多、做得少，只關心孩子的學業而忽略其他生活能力的培養，常用「買」來滿足孩子的需要，這些都是很辛苦的方法；因為，對極致完美的欲望永遠沒有辦法得到滿足。害怕孩子輸在起跑點上，以致負面的言語太多，過度的將孩子的表現當成自己的榮辱得失，這樣的父母永遠沒辦法享受做父母的樂趣。

愛語要練習二十一遍以上

媽媽對孩子的關心往往過於沉重，所表達的是「擔心」而不是「關心」了。例如：「平常都不念書，考試怎麼辦啊！」不妨改為：「祝福你可以專心讀書，戰勝考試！」我們最好常練習用這樣的正向話語來表達。

你跟孩子溝通順暢嗎？你們家是不是講理的地方呢？有位專家說，吵架時之所以會愈吵愈大聲，並不是對方聽不見，而是兩人的心距離很遙遠。爭是非對錯，是我們的慣性；但我建議，對的人要跟錯的人道歉，這麼做是讓錯的人有臺階下，讓對方感受到你在乎他。

家不是「講理」而是「講愛」的地方。例如，有一對恩愛的老夫妻，他們維持恩愛的方法是：誰錯了就到外面去走一圈再回來；結果，總是老爺爺自動走出去，這是他表現愛的方式。

溝通很重要，善解很重要，讓想說的人所說的話都是想聽的人想聽的，這更是重要，能讓雙方都獲益良多；而且，這兩種角色能夠互換才是最高境界。所以，最棒的心理地位就是肯定自己並尊重別人。

卡通〈中華一番〉的男主角小當家劉昴星就是這樣的人。他是製作滿漢全席的天才小廚師，常常喜歡跟別人比賽。一般人面對比賽時都會害怕或忌妒對方更厲害；不過，劉昴星的心態卻總是認為，對方好厲害，所以他也想挑戰看看，在什麼情況下也能做出像對手那般厲害的料理。

又如，神秀禪師說：「身是菩提樹，心如明鏡臺；時時勤拂拭，勿使惹塵埃。」惠能大師則是對應說：「菩提本無樹，明鏡亦非臺；本來無一物，何處惹塵埃？」一是漸修，一是頓悟，都很厲害；何況，沒有神秀，就不會有惠能這首詩偈。

「聽」也是一門重要的學問。除了聽到、聽完，還要能聽得懂；用耳朵聽之外，還要用心、用眼睛聽。例如，晚上八點多，你跟老婆說朋友約出去喝茶，老婆嘴巴上說：「去啊、去啊！」但是，你除了聽到「去啊」兩字，還得聽出語氣、看得出說的表情、用心思考全句有無弦外之音，才能真正明白老婆的意思。

下面提供三個練習的方法：

●把抱怨轉成期許

我們不是天生愛抱怨，但就是難免會抱怨。抱怨通常是因為期待落空；愈深的抱怨背後，蘊藏著愈深的期待。與其直接抱怨、表達負面情緒，不如轉換成充滿著憧憬的期待吧！

例如，孩子考前不讀書，媽媽若說：「你若能考及格，太陽會從西邊起來。」就是負面情緒的表達；若改成說：「寶貝，希望你可以專心讀書，考試就可以過關！」結果就會好得多。

●將指責轉成鼓勵

指責的發生，通常導因於對方不按照你要的方式運作，被指責者之後通常回應的是「自我防衛」、「對抗」的話語，鬧得雙方都不開心；若是改為鼓勵的話語，結果便會有所不同。例如，原本想要求孩子：「都幾點了？還不趕快去洗澡！」若改成：「寶貝啊，你這麼聰明，應該知道現在這個時間做什麼最好嘍！洗完澡可以全身舒暢，做完功課就可以好好休息嘍！」原本想責備孩子：「你怎麼這麼笨，教這麼多次還學不會！」應該改成：「讓我們來多練習幾次，慢慢就可以抓住訣竅，就會變更聰明嘍！」這樣不是更好嗎？

●將擔心轉成祝福

媽媽對孩子的關心往往過於沉重，所表達的是「擔心」而不是「關心」了。當我們不自覺的運用「擔心」的方式關懷人，很容易帶給人負向的知覺經驗。例如，叮嚀孩子：「外面交通很亂，小心發生車禍！」可以改成：「祝福你一路平安到家！」又如：「平常都不念書，考試怎麼辦啊！」不妨改為：「祝福你可以專心讀書，戰勝考試！」我們最好常練習用這樣的正向情緒來表達。愛語要多多練習，至少要練二十一遍以上，就能抓住訣竅了！

當你與人（包含伴侶或孩子）對話時，可以先提醒一下自己，有沒有另一種比較好的說法？一種可以讓對方覺得貼心、被瞭解、又可以激發希望與能量感的話語？當然，在夜深人靜的自我對話時，更需要「三省吾身」：「下次遇到類似的事可以改進的有哪些？做了哪些事而感到超開心的？覺得自己最有價值、最有意義的時刻是？」

植物往光的方向成長，人往鼓勵的方向努力。「不要讓你的孩子輸在起跑線上」這句話只對一半；另一半的意思是：不要讓你的孩子死在半路上。讓孩子可以堅持到底的毅力一定是從爸爸媽媽的鼓勵來的；要「壓力」加「鼓勵」才能發揮潛力，孩子才能往成功的方向邁進。

當你能用樂觀的態度去迎接任何事，你就會比較有智慧去面對挑戰；也許一開始會不習慣用正向的思維，只要多多練習，時間一久，自然會「弄假成真」了。你要相信，只要找對方法，練二十一遍就會成功。

請記住，孩子是我們的老師，我們要向孩子學習也要關愛孩子，這是「雙向關係」：如果孩子不能用我們教他的方式來學習，我們就學習以他們的學習方式來共同成長。

親子格言

◎如果有願意不斷成長、不斷進步的爸爸及媽媽，也一定會有不斷求新求變的孩子；基本上，親子之間會互相影響而一起進步。

◎愛，就是在別人的需要上看見自己的責任；愛一個人不是給他你認為最好的，而是給他最需要的。

◎如果孩子不能用我們教他的方式來學習，我們就學習以他們的學習方式來共同成長。

教養孩子的快慢哲學

我相信每一個人都有「潛能」；每一個人都可能是資優，但我決定讓孩子自己去發現，順著他自己的成長去慢慢感受到自己的潛能，而不是用父母加工的方式去逼出資優來。

暨南大學輔導與諮商研究所教授　蕭　文

美國最近出現「反超級媽媽運動」。有一群學者主張，養兒育女不是經營企業，不必嚴格執行「專案管理」與「績效評估」；「超級媽媽」要「減速慢行」，才能減輕為人母的焦慮。

反觀臺灣，父母的焦慮實在有過之而無不及。現今的教育亂象是，家長的自我要求很高，對孩子也有過高的期待；於是，把孩子當成跟自己一樣或是小大人般來要求，總認為孩子有太多要學習的；又怕他們輸在起跑點上，便想方設法讓孩子去補習這、補習那。結果是，孩子只能往前衝，沒有機會停下來感受一下自己，因一直被要求去做許多他不想做的事情而難過。父母也經常查詢教養孩子的祕方，別人的觀點卻變成他們操控孩子的方法，因此造成親子關係緊張，父母不禁大嘆難為啊！

曾有一則新聞，報導一家「潛能開發中心」採用的潛能開發方法真是荒謬！例如，孩子對數學產生恐懼感，他們幫孩子減低或消除恐懼的方法，居然是要他們去吞火、踩碎玻璃，然後大聲吶喊：「勇者不懼！」此外，還有做錯事要受罰伏地挺身一千下等等。

請問，你會花二、三十萬送孩子去接受這種魔鬼訓練，藉此增進他們的勇氣和吃苦能力，讓他們將來無論遇到什麼困難，都能夠表現得堅忍不拔嗎？若孩子掉進水裡，你捨得讓他就在水中掙扎，只一味鼓勵他：「你要忍住啊！只要能撐過三小時，你將來就不怕困難了！」不知這些家長是怎麼想的，二、三十萬應該能有更多更好的用途吧？

藉著這起事件，我們不妨認真思考：人到底有沒有「潛能」？

讓孩子去體驗和發現潛能

孩子有他自己的路，得讓他去學習、去體會、去發現自己到底是不是資優。我相信每一個人都有「潛能」，每一個人都可能是資優，但我決定讓

孩子自己去發現，順著他自己的成長去慢慢感受，而不是用父母加工的方式去逼出資優。

臺灣約在民國七十年代後期開始出現這種「潛能開發」訓練，最初是所謂的「魔鬼訓練」，後來因名稱不好聽就改成「堅強訓練」；目標就是培養受訓者不怕被羞辱的勇氣，而能發揮更積極的力量去完成想做的事情。其中有一種訓練方式是：兩邊各站一排人，然後讓受訓學員從中間走過去；這時，兩邊的人就要儘量罵他、羞辱他，甚至向他吐口水；而這個學員不但不能生氣，還要面帶微笑的說：「謝謝指教！」「感謝你！」並且不能把口水擦乾的走完這條路。

來接受這種「潛能開發」訓練的，多半是從事保險或銀行業務的人；因為他們的工作性質就是要大量與人接觸，並且常會遭人拒絕、被人嫌惡，所以他們想透過這種所謂「潛能開發」的方式，激發出堅苦卓絕、不怕羞辱的能耐，他們相信這樣就能克服困難而達成目標。

事實上，我們不必去接受這種方式的訓練。有研究指出，接受這種訓練的人，在工作上也許能表現出相當程度的順從，但下班後會去理容院之類的場所紓壓，或是酗酒、尋求刺激，私底下的生活其實很極端、浮躁。

為人父母都相信孩子能夠表現得很好，相信他們都有「潛能」；問題是：「潛能」是製造出來的嗎？

我的孩子在讀小二時，因為我工作繁忙，孩子放學後就送到安親班。我有一回去安親班接孩子時，老師很熱心跟我說：「蕭爸爸，你這孩子很資優，你要不要把他送到資優班去？」我笑著謝過他的好意。我認為，老師也許能教出資優的孩子；但是，孩子有他自己的路，得讓他去學習、去體會、去發現自己到底是不是資優，而不是由父母去注意，然後不斷告訴孩子他是資優的，並擬出一套訓練方式，包括寫作文、補英文、學奧數……我相信每一個人都有「潛能」，每一個人都可能是資優，但我決定讓孩子自己去發現，順著他自己的成長去慢慢感受，而不是用父母加工的方式去逼出資優。

以我自己的成長經驗來說，我就是糊里糊塗長大的，這真要感謝我那開明、能讓我自由發揮的父母。老實說，年少時我從來都不知道自己可以做什麼、該往哪條路走，父母也沒有特別告訴我該怎麼做，他們就是給我最大的自由度。

比方說，我當年高一升高二時要選組，爸媽對我要選社會組或自然組完全沒意見。我當時很怕數學，總是考不及格；數學老師拿我沒轍，還幫我取了個「優良種」的外號——優良品種的母雞每天都會生下一顆蛋，而我每次考完試就生出了「一個蛋」。基於可以不要接觸數學、物理和化學是多麼開心的事，我就選了社會組。雖然感到爸爸有點失望，但他還是告訴我：「其實什麼組都可以，只要你努力就行了。」我們要相信，人生有很多路，不一定只有物理、化學或者數學才能帶我們走上成功之路。

還有，我家一直住在臺北，靠近新店溪，當年的新店溪外面全是一片荒野；爸爸經常帶我去河邊玩，抓蝦、抓魚，有時候也會去挖竹筍。父母對我的教育方式並不是把我放進書裡強迫我去讀，而是讓我接近自然。因此，我認為一個人的潛能應該是體驗和發現出來的，而不是訓練出來的。

把握學習關鍵期

「關鍵期」是心理學上的重要名詞，意思是每一個年齡階段都有最適合去學習發展的能力。例如，「同理心」如果到了大學階段才要學習，很可能講了千百遍都沒用，因為「同理心」是要從小就培養的。

盧梭是十八世紀知名的法國政治學家和教育學家，他將他的教育理念透過小說《愛彌兒》呈現出來；故事主角是一位名叫愛彌兒的小女孩。故事裡六歲的愛彌兒種花、養小動物，觀賞日月星辰；種花時，孩子能認識植物及生長的道理，養小動物就能知道動物繁衍的道理並懂得如何照顧。也就是盧梭主張孩子在從事這些活動的過程中，能因此瞭解人與動物以及大自然之間的關係，並進一步融合為一。

至聖先師孔子也要我們在成長過程中多認識鳥、獸、蟲、魚，這就是在為生命教育奠定基礎。今日，我們多夸夸而談生命教育，孩子卻普遍缺乏對人性的認識與關懷，甚至產生對人性的某種疏離感。對照《愛彌兒》的故事，不難瞭解其中寓意深遠。

教育部要從小學到大學推動「有品教育」；我不知道小學、中學如何推動，但我知道，要在大學生和研究生身上推動有品教育實在很困難。以我們學校為例，校方三番兩次告訴學生白天天色很亮，進廁所若無必要就不開燈，若開了燈也請離開時關燈；在校園開車要放慢速度，要小心人車和校狗的安全；儘量走樓梯、少搭電梯，很多學生連到二樓都搭電梯。更嚴重的是，校方統計出電腦網路流量的最高峰是在半夜三點至五點鐘；這表示，學生住宿後家長管不到了，就整夜都不睡、瘋打電玩；學校關心學生的健康，只能循循善誘他們早點睡。

你看，關燈、節能、省電、減速、慢行、愛護動物、愛護自己的健康這些簡單的動作，學生就是做不到，真令人難過。

大學生們對於照顧自己和遵守團體的要求都做不到，將來他們進入社會又會變成怎樣的人呢？他們若不具備跟團體合作共榮的能力，那麼將來成功的可能性有多少？而他們之所以這樣，難道是過去我們沒有教他們？是不是我們錯失了他們成長學習的黃金期？

心理學上有一個很重要的名詞Critical Period，中文翻譯成「關鍵期」；

意思是說，在人生的發展過程裡，每一個年齡階段都有最適合去學習發展的能力。例如，「同理心」非常重要；但是，如果到了大學階段才要學習同理心，告訴他們要懂得關懷別人、愛護地球，很可能講了千百遍效果也有限，因為「同理心」這種能力是要從小就培養的。

看到有人跌倒時，我們應該告訴孩子去關心詢問：「你跌得痛不痛？有沒有受傷？」然而，有多少人這麼做呢？大部分的父母此時大概會說：「快走啦，要遲到了！」不然就是：「不要多管閒事！」能夠去關心別人、能對社會投以人文關懷，這項能力正是將來成功的關鍵能力。只是，這項能力必須從小培養，尤其是在三、四歲時，就如同盧梭的愛彌兒一樣，在小時候就培養出人跟動物、自然共生共榮的關係；錯過了這個關鍵期，將來再補救都是事倍功半。

多給孩子親身體驗的機會

不要過度保護孩子。當父母主動幫孩子做事的時候，其實就是剝奪了孩子的學習能力和經驗。各個年齡層的孩子，在學習過程中應該讓他運用自己的身體去體驗「我」是什麼，這是建立自尊和自信的最好機會。

近年來，教育界或產業各界，都相當強調競爭力和就業力；也就是說，希望大學生畢業後進入職場，能順利獲得工作、保有工作，並在工作中成長、發展。相信這也是每位父母的由衷期望。

而企業大老闆們談到挑選人才的幾個原則，其中最重視的就是團隊合作的能力。現在的成功企業都不是靠單打獨鬥，而是必須與不同的產業結合；例如便利商店，如果他們是依照我們小時候住家附近那個雜貨店的經營模式，是不可能有今日這般規模的。我們到便利商店不但可以購物，還能繳帳單、寄包裹、坐下來喝咖啡，做很多事情；便利商店的成功策略，就是厲害在他能夠跟不同的產業採取團隊合作的模式。

再看看今日的家庭教育，因少子化的影響，不但團隊合作的機會越來越少，甚至父母還會過於溺愛。在心理學界被譽為「兒童輔導之父」的阿德勒（Alfred Adler），除了致力於兒童輔導，也教導父母如何跟孩子互動；他表示，家庭、父母或者說人與人之間最大的罪惡，就是溺愛。阿德勒對溺愛的理解是：孩子沒有想到、沒有需求或是做不到的事，父母主動幫孩子做到；例如，很多父母會主動幫孩子收拾書包、穿鞋子、繫鞋帶、扣衣扣，餵孩子吃飯、送孩子上學、主動送上孩子並不需要的東西。

父母不要過度保護孩子。當我們主動幫孩子做事的時候，其實就是剝奪了孩子的學習能力和經驗。我們可以觀察到，兩、三歲的孩子，他的肌肉正慢慢發展成熟，所以喜歡拿筷子去夾東西；四、五歲的孩子不喜歡穿魔鬼氈的鞋子而喜歡繫鞋帶。但是，當孩子想自己試著做這些事時，父母常嫌孩子做得太慢而出手代為完成，這就是剝奪了孩子的學習機會。

換句話說，各個年齡層的孩子，在學習過程中應該讓他運用自己的身體去體驗「我」是什麼，這是建立自尊和自信的最好機會。有些孩子上學後，會因為不會做某些事而被會做的同學取笑，有時就因此產生爭吵，甚至導致校園暴力事件。我們剝奪了孩子的學習行為後，孩子缺乏自我體驗的機會，也就不能瞭解自己到底能夠做什麼而被嘲笑；長大以後，也會欠缺團隊合作的能力。

讀小學甚至是幼稚園的時候，正是培養團隊合作能力的最佳時機；如果培養好，將來他們進入職場會發展得很快；若沒有把握這段黃金期訓練好這項能力，就算將來找到工作，也會慢慢走下坡。

鼓勵孩子發問找答案

邏輯思考是習慣、看待事物的方式以及經驗的養成結果，並不是現在開始訓練邏輯思考，就可以馬上辦得到；而是要能從小就培養出好奇心，常常去思考「為什麼」？

企業選才的另一個重要條件就是具備思考能力；簡單的說，就是發問的能力。我在國外讀博士班的時候，有一門課叫「社會心理學」；有一次，老師的期末考方式很特別，他要我們每個人給自己出五個考題，然後自問自答。我們一聽都好開心，覺得這太簡單了！但是，其實不然。老師特別說明，他要我們問的問題要和書本內容有關、但又要超越書本所講的內容，然後去設計題目，問出一些問題來。

這就不容易了！老師的用意就是訓練我們跟不同的專業結合，要我們看到社會的脈絡和流行，思考書本所談的跟我們未來的發展有什麼關係，再以此為基礎思考未來可能的走向；總而言之，就是要學會發問。

我卻發現，我們的孩子越大越死板、越沒有創造力，對知識的學習越被動。孩子讀幼稚園的時候，老師要問一個問題，都還沒開口呢，小朋友就爭相舉手喊：「我！我！我！」小朋友的答案很可能都不對，但老師還是會說：「好棒！你好聰明，怎麼會想出這種答案來！」上小學一、二年級時，老師若問問題，全班約有一半人會舉手；三、四年級時，大概剩下十個會舉手；五、六年級就更少了；到了國中、高中、大學，大概都沒人舉手了。這真是個大問題。我們的孩子很沉悶，缺乏思考和創造力；然而，他們的未來能否成功，並不在於學了多少知識和技能，更重要的是他們要能夠去反思然後創造知識。

幾年前，因為金融海嘯的問題非常嚴重，政府就發行消費券來刺激國內消費。後來，報紙上有一篇文章針對這個政策加以評論，提到這是經濟學家凱因斯的理論——當經濟發生危機時，最好的辦法就是刺激消費；只要經濟能夠流通，消費能夠增加或能夠增加需求，就會刺激工廠持續生產，就能帶動產業發展。這篇文章還提到一個觀點：假如沒有愛因斯坦，難道就沒有相對論嗎？假如沒有牛頓，我們就沒有萬有引力定律這個觀念嗎？換句話說，萬有引力這個觀念或者是愛因斯坦的相對論，那是早在牛頓和愛因斯坦之前就已經存在我們這個宇宙了，絕對不是愛因斯坦或是牛頓他們發明的；但是，他們兩人之所以能提出這些「空前」的觀點理論，正是因為他們能夠去反思——例如，牛頓能反思蘋果為何是往地面掉下而不是朝天上飛？這才發現了這個宇宙中早就存在的一個定律。

這篇文章的重點是：我們所處的這個宇宙，很多東西其實早就存在了，只是我們還沒有發現而已；那麼，誰能發現它們呢？我相信，那個人一定是個能夠去發現問題、具有反思能力的人。我們就是要培養孩子這個反思能力，我們的大學教育宗旨也是在培養學生的邏輯思考能力；只是，等到上大學才培養，來得及嗎？

邏輯思考是習慣、看待事物的方式以及經驗的養成結果，並不是現在開始訓練邏輯思考，就可以馬上辦得到；而是要能從小就培養出好奇心，常常去思考「為什麼」？例如，為什麼便利商店能把看似不相干的兩件事整合在一起，發展出通路概念，把許多產業放進一個二十坪不到的空間，讓我們每一個人的生活如此依賴它？

我們希望將來孩子成功，能夠在工作、研究、學術、企業順利發展；他要是能夠成為一個了不起的人或有所成就，絕對是因為他具備了反思和創造力。

具有反思和創造力的人，他一定從小在生活中就充滿了多元經驗的學習和累積。例如，參觀博物館，大人也許覺得沒什麼可看性，孩子看到和理解到的卻很可能和我們大不同。看到恐龍化石時，他們或許會問：「為什麼牠們會變成一堆白骨？死了那麼久怎麼還可以留到現在？那我們死了一百萬年以後，會不會留下來？」也許，不經意的一句話，不經意的一個觀察，他就開始在腦中思考了。這就是多元經驗。

要具備就業力和競爭力，讓孩子將來能夠找出存在我們這個宇宙間但尚未被發現到的事物或法則，就要從小培養孩子的反思和創造力。鼓勵孩子多發問，不要怕自己被問倒；若真被問倒了，也能回答：「嗯，這個問題問得好，爸爸不知道，媽媽也不會，你真了不起！」

父母都不會的問題，就鼓勵孩子主動去找答案。積極主動也是孩子將來取得成功的重要能力；而且，這個能力絕對是透過父母的鼓勵和幫忙培養出來的。現在有太多「直升機父母」和「超人父母」，什麼事都幫孩子做得好好的，所以孩子有恃無恐，腦袋裡就只有電玩而已，不會去思考其他東西。爸媽要能鼓勵孩子去找答案；孩子有能力去找答案，他就有機會去搜尋一些他沒看過、沒經驗過的東西，這是非常重要的學習；過了幼稚園和小學階段，就要花加倍的精力來學習這個能力了。

讓孩子多遊戲、多體驗

兒童的天職就是遊戲；他們在遊戲過程中會自己訂規則，然後去體驗，再去修改規則。也就是說，孩子在遊戲中能有很多自己獨到的經驗，可以從中去創造解決問題的辦法、制定新規則；這就是解決問題的態度，或是這項能力的萌芽。

企業還喜歡任用有解決問題能力的員工；同樣的，兒童期是最好的培養時機。

我以前曾帶研究生去墾丁旅行，想要住在當時新落成的聯勤招待所，就請學生去訂房；結果，學生回報說查過電話簿、查號臺，都沒有這個地方。我就當場撥電話到凱撒飯店，向他們問到了聯勤招待所的電話。

解決問題的方法其實很簡單，就是：此路不通，便從周邊尋求資源解決。企業就是需要具備這種解決問題能力的員工，而這種能力是從生活中去體驗學習出來的。

兒童的天職就是遊戲；他們在遊戲過程中會自己訂規則，然後去體驗，再去修改規則。也就是說，孩子在遊戲中能有很多自己獨到的經驗，可以從中去創造解決問題的辦法、制定新規則；這就是解決問題的態度，或是這項能力的萌芽。因此，我們若剝奪了孩子的體驗機會，只是一味告訴他照著我們安排的路走；這樣一來，不管他開發了多少潛能，其實都還是一個非常僵化、呆板的人。所以，請多讓孩子有足夠的機會去玩耍、去體驗、去發現，不要剝奪他們學習自我獨立的機會。

報上曾有一則新聞：中國大陸湖北省有一名十三歲少年，因為天賦異稟而被推薦去北京的中國科學院深造。但是，問題來了……早晨起床後，他下了床就直接走出去了，人家提醒他要穿鞋，他才知道穿鞋；因為，在這之前，他媽媽連穿鞋這件事也侍候得很好。這孩子肚子餓了也不知道要去吃飯；因為，他在家時，肚子餓之前，媽媽就送上餐點了；沒有媽媽陪伴，他在北京常常餓到沒有力氣。這孩子可能是個天才，很會讀書，卻無法和別人建立友誼，也完全沒辦法照顧自己。科學院最後請他回家，等他學會自我照顧再回來。

我們的孩子中，有多少是像這樣的人呢？我們要讓孩子體驗什麼是肚子餓，餓時要怎樣讓自己吃飽；口渴時如果找不到水，要如何想辦法止渴……我們要培養能尋找資源解決問題的能力，這是未來成功的保障。

教養有所快、有所慢

我一直認為，學習是一個比耐力的過程，而不是在短時間之內把所謂的潛能逼出來；誰能夠在一條路上走得越久、能夠沉得住氣、能夠學得越久，這個人成功的機會就越大。

成長過程中的學習是有所快、有所慢的。快的部分就是爸媽要配合孩子的成長速度來協助發展，適時提供學習資源才能成功；慢的部分誠如前面所提，有許多能力是靠經驗的累積，所以我們要陪著孩子慢慢去體驗、去發現。並不是要訓練有勇氣的孩子，就要他穿過湍急的河流，然後他就能一生不怕困難。人的潛能應該是體會出來，而不是被訓練出來的；透過各種方法去激勵、強迫出來的，並不是一個人真正的潛能，那樣的能力常常與真正的自己很疏離。

每個孩子都有自己的獨特性，唯有在成長過程中放慢速度才能發掘出來。這道理就跟旅行一樣；如果走馬看花，就只能急急的拍個照表示到此一遊而已；若能放慢腳步，就能看得更多。於是，這幾年有越來越多人強調慢遊，也出現慢活、慢食的生活觀；放慢，我們體會到的滋味會更豐富、更深刻。孩子最有自信的部分，往往都是他在生活體驗中發現的。

唯有當我們慢慢的去做一件事，才能從中感受到自己的潛能。我對我兒子犯下的一個大錯，就是強迫他去學電子琴；當時我認為孩子總該有個才藝，所以在他小一時送他去學。他的表現也很優異，從第十級開始，到小五時就一路考到六級了。考完後他卻說：「你要我學的我已經學完了，我不要再學了。」

由此可以發現，當孩子被強迫去做一件事情，他也許可以配合父母而做得非常好，也許真有這方面的能力；可是，當他完成父母的要求之後，他就不想再繼續配合了。所以，我前面提過，我這輩子糊里糊塗地就活到現在，活得很不錯，其實真正要感謝的是我的父母，因為他們從來不強迫我做任何事情。當我們強迫孩子做某件事，短時間會看到他的進步；但是，到了某個階段後，很可能就愈走愈後退，離我們的期望愈來愈遠。

成就是逐步累積出來的，成功是透過不斷學習來的；一個人在工作上能有傑出表現，是因為他能夠活在這個工作裡面，按部就班的學習，一點一滴的累積經驗和成果，絕對不是突然間就超前。我們若用壓榨的方式要一個人在短時間之內超前，當他用完內在的學習動力後，就再也沒有力氣去學習了。

我們都有這樣的經驗：被高壓強迫去準備一個考試；一旦考完，就一整個禮拜都很懶散，不念書，什麼都不想做。同樣的道理，孩子還小，處在從遊戲中去體驗的階段，爸媽千萬不要在這個過程中加進太多自己的要求和期待。爸媽想幫孩子做超前學習，一般來說孩子也都做得到；然而，彈性疲乏之後，就永遠不再前進了。

當孩子出現學習疲乏之時，這個階段正是爸媽該慢下來的時候；給他多點時間去安排自己的生活，去玩自己的遊戲，輕鬆的去做自己喜歡做的事，去體驗摸索出自己的興趣和能力；千萬不要操之過急，反而揠苗助長的扼殺了他的「潛能」——我兒子學電子琴的故事就是例證。

我一直認為，學習是一個比耐力的過程，而不是在短時間之內把所謂的潛能逼出來；誰能夠在一條路上走得越久、能夠沉得住氣、能夠學得越久，這個人成功的機會就越大。所以，我對兒子的要求是，我不計較他考第幾名、考幾分，但我要求他能夠在書桌面前坐得住，能夠有效的學習，將來就有機會鑽研更高深的學問。我們的孩子很多都是從小就被強迫消耗掉學習的力氣，一上了大學，反而沒有意願坐在書桌前多讀點書了。

有一次，我要兒子陪我去買點東西，他說：「不要！我今天晚上已經有讀書的schedule了，我不要被你破壞！」我聽了其實心裡很高興，表示我的訓練有成，他現在會規畫自己的時間了。我們應從小就培養孩子有足夠的耐性坐在書桌前，哪怕他一開始是在讀小說、看漫畫，甚至是畫畫或發呆；只要坐得住，其實都是邁向成功之路的第一步。

孩子還小時，普遍都有依賴性，想對爸媽撒撒嬌，希望得到爸媽的愛護；所以，有爸媽陪伴做功課，通常就做得好一些，若沒人陪伴就草草完成。這也表示，父母必須花更多時間陪伴孩子，給孩子安全感和自信；在這當中，也必須鼓勵孩子主動、勇敢的去學習，爸媽會永遠站在他這邊，給予最大的支持。

總而言之，讓孩子有機會學習獨立自主，多體驗、培養自信，瞭解「我是誰？」「我會做什麼？」對孩子的人生才會更有幫助。

親子格言

◎能夠去關心別人、能對社會投以人文關懷，這項能力正是將來成功的關鍵能力；這項能力必須從小培養，尤其是在三、四歲時。

◎各個年齡層的孩子，在學習過程中應該讓他運用自己的身體去體驗「我」是什麼，這是建立自尊和自信的最好機會。

◎父母必須花更多時間陪伴孩子，給孩子安全感和自信；在這當中，也必須鼓勵孩子主動、勇敢的去學習，爸媽會永遠站在他這邊，給予最大的支持。

讓生命來點柔軟

透過成長與互動，透過自我探索，我們正在找回生命的力量。請大家將這七字訣背起來：「切、寬、面、心、意、大、開」，這每一個字都是一個讓生命更柔軟的祕訣。

國際演說家、作家　吳娟瑜

親愛的各位，請回想看看，在成長歷程裡，你多麼渴望被愛與被肯定；但是，可能從很小的時候，你便曾遭遇一些挫折、產生一些困惑，有幾次被誤會，時不時擔心害怕……然而，如今透過成長與互動，透過自我探索，我們正在找回生命的力量。請在心裡面給自己一句最棒最有能量的話：「我愛我自己！我愛我自己！我愛我自己！」人生就是要這種美妙的感覺，不斷的透過自我探索來修正與調整。

成長的創傷正影響我們今天的生命

我們每一個人從出生到成長，都曾經帶著一些創傷、不愉快的經驗；而這些經驗可能影響我們的性格，也正在影響我們今天的生命。

為什麼生命要來點柔軟呢？因為人生太苦了；壓力大、挑戰多，若是不再做一些調適，又怎能改變現狀呢？我們每一個人的出生都是一種創傷，也許被我們遺忘了；但是，這些生命經驗始終不知不覺的影響我們至今，包括與家人、同事、同學的互動等。

有一位音樂家，他的女朋友每次想要跟他親吻時，他就呼吸急促、表情痛苦；這個女友當然很生氣，質疑音樂家到底愛不愛她，兩人為此時常爭吵不休，甚至鬧分手。後來，音樂家同女友一起去看心理醫師，探索自己從小成長的經歷；這才發現，原來，音樂家的媽媽在懷他的時候罹患憂鬱症，常常悶悶不樂、呼吸急促；在這種情況下，使得肚子裡的胎兒也常常上氣不接下氣。音樂家當然不記得在媽媽肚子裡的感覺，胎兒時期的記憶卻成為潛意識深深影響著他，讓他感到害怕和緊張。

女友瞭解後，從此多了善解和包容，要親吻音樂家時，她會先溫柔的說：「May I kiss you?」男友說OK後就可以；若是說NO，就稍微緩一下。兩人有這個默契後，就能相處下去了。

我們每一個人出生或成長階段都曾經帶著一些創傷、不愉快的經驗；這些經驗可能影響我們的性格，也正在影響我們今天的生命；例如，我們可能因此很難原諒及寬恕別人。

我有一次在馬來西亞演講的時候，一位爸爸跑來請我幫他太太的忙，因為他太太在家裡總是跟十四歲的兒子吵架，爸爸夾在中間十分為難。後來我們發現，原來，這位媽媽對生小孩一直很排斥；再追問下去又發現，這位媽媽之所以如此討厭兒子，並非因為兒子得罪她，而是她小時候就在父母時常爭吵的環境中成長，她小小的心靈中就播下一顆種子：我長大後決不結婚！這句話就烙在她的潛意識中。直到遇上她現在的先生，兩人情投意合就結婚了；後來不小心懷孕了，懷孕時害喜相當嚴重。也就是說，打從懷孕開始，她就對肚裡的孩子沒好感；她還認為，就是有了這孩子才造成她懷孕時身心這麼痛苦。媽媽不喜歡兒子，兒子則是被討厭得莫名其妙，所以親子關係一直很緊張。

當場我溫柔的握著這位媽媽的手，請她閉上眼睛，然後我對她說：「媽媽、媽媽，我是您寶貝兒子啊！當初是您懷孕生下我，我不知道為什麼您這麼討厭我！請您告訴我，我該怎麼做、該怎麼跟您互動，才會讓您滿意，您才會喜歡我呢？媽媽，您可不可以重新愛我一下下好嗎？」我說這些話的時候，這位媽媽的眼淚撲簌簌的滾下來。結束後她說：「我等一下回到家後，絕對會去抱我的兒子跟他說：『我愛你！』」

其實，很多人從小都沒聽過爸爸媽媽跟他說「我愛你」。我們的上一代不習慣說「我愛你」，但從我們開始，則要多多對孩子說；當習慣成自然，愛的能量就會愈來愈多。

我還記得，我終於決定跟媽媽說出「我愛您！」時，她的回應是：「好啦好啦，孩子的水果有沒有切給他們吃？」我又說：「媽媽，我在跟您講我愛您耶！」她還是說：「水果快弄給孩子吃啦！妳今天衣服洗了沒？」反正就是岔開話題，問一些有的沒的，因為他們不習慣聽到這類話。後來，我就改成「親愛的媽媽」；當我說「親愛的媽媽」時，「愛」字就藏在裡面了，她聽著也比較順耳，反應就沒那麼彆扭。

對我們曾經造成的傷害誠心致歉

建議各位爸爸媽媽要勇敢的問孩子，自己是否曾經講過什麼話或做過什麼事讓孩子很傷痛，請孩子坦白跟你說，讓你有機會向他說對不起，孩子才有機會釋放掉那些不愉快的記憶。

每一個人，包括我，在出生的時候都經歷過一些傷害的感覺；因為搞不清楚人生是什麼，也不知道往後會發生什麼事，那種害怕、擔心、恐懼、陌生的種種感覺就潛藏在心中，以至於我們都會習慣性的生氣。生氣，還分成兩種：發脾氣與生悶氣；而我發現，生悶氣的人比發脾氣的人還多。因為我們的家庭教育沒有讓我們學會表達自己的感受和意見，所以我們就很習慣性的生悶氣。生悶氣容易生病，會有拉肚子、偏頭痛、胃痛等種種不舒服的感覺。

有一次我到大陸西安演講，碰到的例子讓我印象深刻。我當時在一所中學演講情緒管理的課題。我請大家提問時，有一個高二男生走出來，面露凶光，一旁的校長和老師都慌忙的站起來，以為他要對我施暴；但我依直覺判斷，他沒有惡意，凶惡的表情底下隱藏著一顆需要理解的心靈。

這個大男孩名叫阿成，說自己就是愛生氣，生很多人的氣。他第一個生氣的對象是媽媽；因為，當爸爸在罵他的時候，媽媽並沒有保護他。這樣的經驗我們都能理解：爸爸若在打罵兒子，尤其又使用棍子等工具時，其實旁人很難靠近；不過，媽媽必須體認到，此時孩子很需要妳的保護，最好能挺身而出，最少也要警告先生，嚴重時只有伺機打113家暴專線。不過，話雖如此，一般人都不會打這個電話，所謂「家醜不可外揚」！重點是，媽媽要知道，孩子此時非常需要妳的保護。

阿成第二個生氣的對象是爸爸，因為爸爸老是罵他是個沒用的人，後悔把他生下來。這話實在太傷孩子的心了啊！為人父母要給孩子鼓勵和肯定，怎能說出這種話；孩子調皮，是要教導而不是痛罵。所以，阿成自認是個從小就得不到爸媽疼愛的孩子。

中學二年級的時候，阿成有一天和老師的孩子在一起玩，那孩子才小學五、六年級，兩人玩著玩著，起了衝突，也惹火了老師，從那天起，阿成就不想上學了；但他的爸媽不清楚狀況，阿成便因此休學。半學期後，阿成轉到另一所學校就讀；不幸的，那裡的老師又給他下馬威：「你的功課如果沒有把握，最好明天就不要來了！」結果，阿成隔天又不敢去上學了。只好又換一個學校，總之，阿成的人生充滿了恨。

在講述這段回憶時，可以清楚看出阿成的憤怒，因為他一直緊握著拳頭。我請阿成的老師及同學走出來，一位老師說：「我今天才知道阿成有這麼多委屈。」同學們都表示阿成為人很好，也樂意教人功課、關心別人。既然大家都這麼肯定阿成，我就請願意支持阿成的人都靠過去阿成那邊；結果，全部的人都靠過去抱著他、摟著他。阿成眼眶紅了，拳頭也鬆開了。最後，我請大家一起幫忙阿成度過這個苦澀的青春期。

有一次在新加坡演講，有一位太太說，她的先生在家裡總給人很生疏的感覺，在家裡都不與人互動，她覺得他一定有什麼心事壓抑著，也就是生悶氣。我就問他先生有什麼心事；結果，他回溯到小時候，有一天上課時和同學在嘀嘀咕咕的講話，此舉惹惱了老師，就打了他二十大板。從那天開始，他的想法就變了；他認為，反正大人都不會聽我解釋，所以他就不愛講話，整個人生都在生悶氣。

後來，我就握著他的手，我扮演那個老師，跟他說：「對不起，在你小的時候，我不知道原來你有這樣的委屈！老師是因為回頭一看，看到你還在講話，所以就打了你，我很抱歉……」我說這些話時，這位先生眼淚就奪眶而出，哭得像個小男孩似的，彷彿三十年來沒有哭完的眼淚一次哭光了！他的老婆後來對我說，從那天開始，她的先生變得比較開朗了。

還有一位十八、九歲的孩子，也是從五、六年前生悶氣到現在。他說，他爸爸看到不喜歡的事劈頭就罵，卻從不問原委，比如看到他上網這孩子長得相當高，已經比爸爸還高了。我安慰他：「人生最重要的祕密就是，爸爸也會老、爸爸也會心軟。他管不動你，你還是要尊重他。」其實，這正是我們為人父母要學習的功課，因為我們往往用錯誤的方法與孩子相處。例如，這位爸爸可以表示他是出於關心，希望孩子再半小時後要關機，這樣絕對比劈頭就罵要好多了。很多家長一時情緒失控，罵完後掉頭就走，事後才懊悔不已，這正是該反省、改正的地方。

還有一個孩子回憶，在他六、七歲時，爸爸有一天下班回來，喝了不少酒，大概是為了錢的事跟媽媽大吵起來，吵完後看到孩子，就把滿腔怒氣完全出在孩子身上，讓他覺得莫名其妙，又委屈、又恐懼。這個悶氣他一直壓抑在心底，直到大一時才跟爸爸提起這件陳年往事，但爸爸早已不記得了。父母不經意的一些行為，對孩子的影響卻很大；他們會耿耿於懷，甚至在恨意中成長。因此，即便你不記得了，若孩子提起這類事，你還是要真心跟孩子道歉，這個結才會解開。

絕大多數人的心裡都有一些苦悶，因為那些事情沒解決，卡在心裡會很難受。所以，我建議爸爸、媽媽要勇敢的問孩子，是否曾經講過什麼話或做了什麼事讓他很傷痛，請孩子坦白跟你說，讓你有機會向他說聲對不起，孩子才有機會釋放掉那些不愉快的記憶。為人子女也一樣，要回去問爸爸、媽媽，是否曾做了些什麼事或說了什麼話讓他們很傷心；如果有，就誠心道歉並改進。這需要「勇氣」，才能勇敢的去整合親子關係。

不僅如此，這個世界有太多紛紛擾擾和壓力；因此，我們每一個人都不妨用這種方式，將自己周遭的家庭關係、人際關係、同事關係、朋友關係都處理得更好。

撐出家庭安全EQ的保護傘

我長大後才明白，家庭裡發生的事情不是我們能抗拒的；即使不在我家發生，也會發生在別人家。於是，我慢慢體悟到，人生應該學會接受別人和自己犯錯，學會接受負面情緒；一旦學會接受，成長的速度就會更快。

接下來，我們要讓家庭提供一個安全EQ的保護傘。很多人的成長過程，在家庭中並沒有得到足夠的情緒安全感，以至於日後的家族問題層出不窮。所以，我們一定要張開雙臂來成為保護傘——家庭安全EQ的保護傘，容許孩子在與我們的互動過程中犯錯、容許他們生氣，願意給他們一點時間和空間調整過來；因為，沒有人是完美的，人人都會犯錯，也都有情緒。所以，我們從今天開始，要將雙手張開撐出家庭安全EQ的保護傘，相處上若有不愉快，願意同心來協調解決，一起成長。

例如，女兒急著要出去和同學見面，在浴室匆忙洗臉，將水潑得到處都是；媽媽看不下去，就擋在門口說：「妳若沒有擦乾淨，就不准妳出去！」但女兒急著出門，兩人就這麼爭吵不休。其實，孩子的所有行為規矩都是爸媽調教出來的；所以，這時媽媽應該拿出兩條毛巾，一條給女兒，一條給自己，兩人合力將浴室整理乾淨，花不到一分鐘就能解決了。擦完後，媽媽還可以跟女兒說：「趕快出門，不要遲到了，同學在等妳，快快快！」此後，女兒就能學會這種情形該如何應對，不是兩全其美嗎？所以，孩子若不知怎麼做或做得不對，要給他學習成長的機會。

我的爸爸曾經因為有小三，讓我非常不能諒解，我很氣他、恨他，有半年多不跟他講話；另一方面，我跟媽媽的關係也很緊張。我長大成人後才明白，一個家庭裡發生的事情，都不是我們能抗拒的；即使不在我家發生，也會發生在別人家。於是，我才慢慢體悟到，人生應該學會接受別人和自己犯錯，學會接受負面情緒；一旦學會接受，成長的速度就會更快。

當年我到美國讀碩士時，住在宿舍裡。有一天，我接到一位希臘女同學來電說要接我去看電影。我在印第安納州，在那裡沒車是很不方便的；有人要開車接我去看電影，當然是開心極了，於是我早早就在等待。然而，等到都過了約定時間大半天了，還是沒人來。一個四十多歲的女人，就這麼坐在宿舍的床邊掉眼淚。我自己一邊哭、一邊哀怨：「她為什麼沒來接我去看電影？她把同學都帶出去了卻沒有帶我……」我就像一個小女孩般坐在床邊哭。

這是生命裡很值得玩味的事：一個四十多歲的人竟然還像一個孩子般在奢求一個被愛、被肯定的感覺。當時我還在答錄機裡留言，但是都沒有人回應，隔天還是沒消沒息，這位同學顯然把這事忘得一乾二淨了。所以，當時我就跟自己說：「要原諒她、原諒她……她也是凡人，人難免會忘記一些事情。」

我在那個時刻，坐在床邊，痛苦的接受一個沒有兌現的承諾，難過不已。我問自己，我這時候的情緒回到幾歲了？一直追問到自己十歲時，我曾經坐在媽媽的梳妝檯椅子上掉眼淚，為什麼而哭已經不記得了，但那種感覺依然很鮮明，就是無力感、挫折、無奈，非常傷心。

這些感覺其實要學會自我接受。我告訴自己我也是人，即使已經四十多歲了，我還是很有情緒；人家不理我，我仍會很傷心。所以，各位要學習接受自己的情緒，才能進一步去化解。

我還遇過，有個女孩對她媽媽非常不滿，因為媽媽只要在外面不開心，一回家就開始亂罵人，說家裡亂七八糟都是她搞的；她的姊姊們都嫁出去了，她便成為媽媽唯一的出氣筒。這情況持續多年都沒改善，母女倆總是互相生氣。

我的建議是，下回再發生媽媽叫罵家裡亂七八糟的情形，就馬上回應：「Yes, Madam!」然後立即動手收拾。我相信，這樣一來會看到不一樣的世界。因為，媽媽都六十五歲了，有一些生命的模式一時難以改變；所以，當她開罵時，不妨說：「媽媽，謝謝您的指導，我們有空再聊，我要開始收拾東西了！」其實，不管孩子年紀多大，在父母眼中就是個孩子，媽媽還是會碎碎念的，這點我們也必須學會接受。

透過「五世祖」去理解

若有人跟你吵架、惹你不高興，你只要想到他的「五世祖」會影響到今天這個人，就會釋然的放了自己也放了對方，這是很重要的領悟。五世祖對我們的影響很大；好的我們就保留，不好的我們就要學習不受它影響。

接受自己的情緒後，我們便要能理解並接受別人也可能有負面情緒，我提供的方法是透過「五世祖」去理解。「五世祖」這個經驗，如果你想通了，你就會跟我一樣不容易生氣了；因為，我每次只要想到「五世祖」，情緒就會好很多。

每一個人都有他的「五世祖」——也就是前人或家族經驗對他的影響，有時會造成他今日與人相處上的困擾。舉我與我先生的情形為例。我們當年很容易吵架；我很納悶，當年明明是他追我的，怎麼現在這麼愛跟我吵？我常跟他說，要不是他當年對我窮追不捨，我早就不知嫁到哪裡去了；他就回說，我若嫁到別地方去，依他對我的瞭解，我一定會離婚。我們就是常常這樣鬥嘴。後來，我終於想通了；我們兩人的相處，其中有我的公公跟婆婆相處模式和我的爸爸和媽媽的相處模式的影響；當我先生和我在吵架，也就像是他的爸爸跟我的媽媽兩人在吵架。

每個人都有祖先；我們的爸爸媽媽是第一世祖，爸爸、媽媽的上一代是第二世祖，依此類推到五世祖；這約一百五十年來的五代人，他們的經歷，例如戰爭、家境起落、或是家族發生的大小事等，都會影響到我們，自然也會影響到我們與別人的相處。例如，每次我先生對我大嗓門時，我很不高興，比方當他說：「妳要是沒帶衣服出去，若感冒了不是我的事。」我心裡就想，同樣的話，若換成：「妳要出去的時候，外套要多帶一件，免得著涼呵！」不是令人聽得更舒服嗎？可是，我想通每一個人都有五世祖之後，也就釋懷了。

因此，若有人跟你吵架、惹你不高興，你只要想到他的五世祖會影響到今天這個人，就會釋然的放了自己也放了對方，這是一個很重要的領悟。五世祖對我們的影響很大，好的，我們就保留，不好的，我們就要學習不受它影響。

有一天，我帶著行李箱以及剛買的早餐搭高鐵去南部演講；因為車程較久，我通常都會找個舒服姿勢以行李箱擋著我的腳，以免別人看見。就在我準備享用早餐時，一位小姐靠過來說：「妳坐到我的位子了！」那是一張好生氣的臉，讓我嚇了一跳。我發現坐錯位子後，連忙起身，趕緊道歉及收拾——可以想像一下我著急的拿早餐、拿包包、提起行李箱趕著讓位的模樣。那位小姐又說：「妳不會動作快一點，是不是？妳耽誤了我的時間知道嗎？」真的好凶啊！我立即想到五世祖就想通了，趕快衝到自己的位子坐下。我看到那位小姐睡著的背影，再回想她剛剛那張凶巴巴的臉，我卻一點都沒生氣；我猜，那是一張昨晚沒有睡飽、失眠的、很痛苦的臉。這麼一想，心中都生起了慈悲心，哪裡還會生氣？

我建議各位從今天開始去觀察跟你互動的每一個人的五世祖，尤其夫妻吵架時，你就在心裡想：「你的五世祖出來了，太感謝了，請多指教！」這個時候真會感覺好多了。當我們在看自己的小孩時，若覺得很不滿意、很生氣，他怎麼做都不如你的期望時，你不妨想想看他們家的五世祖是怎麼影響到今天的他，你可能就會比較釋懷一點。

讓生命更柔軟的祕訣

七字訣：切、寬、面、心、意、大、開。即便我們為人父母，孩子如果給我們意見，希望我們改進，我們也必須練習學會接受；若能如此，每一天、每一件事我們都會在進步當中，我們的生命管口就會不斷的開闊。

請大家將這七字訣背起來：「切、寬、面、心、意、大、開」，每一個字都是一個讓生命更柔軟的祕訣。

要讓生命更柔軟，當然要有方法，第一個就是「切」：切斷負面的情緒鏈。每個人家裡都有一些情緒鏈，負面的情緒鏈代表不開心，正面的情緒鏈代表開心的事；如果是負面的，就務必要切斷。

有一次，一位小姐來聽演講，說她就是不快樂；原來，她幼時有一次不好的經驗，讓她一輩子都一直掉在那個負面的情緒鏈裡面。她十歲的時候，媽媽有一天一回到家就罵她怎麼沒有燒開水；她想跟媽媽解釋說那天輪到姊姊燒開水，但媽媽完全不聽，把她痛罵了一頓，她感到好委屈。從那天開始，她心裡就充滿著「反正我說了你們也不會聽」這類負面情緒，並且一直掉進這個陷阱中。

後來，她讀專科學校時，有一天同學約好出去玩，卻沒約她。我問她怎麼不問同學可不可以一起去；她回答：「反正說了也沒有用！」她目前從事設計完稿的工作，但其實很希望嘗試做創意；我建議她去跟老闆商量，她也是回答：「反正說了也沒有用！」由此可以看出，她的心裡一直都被負面的情緒鏈卡住。我建議各位，若有這種情形時，一定要馬上切斷負面情緒鏈，要學會馬上喊停。

例如，當我媽媽年紀越來越大，開始忘東忘西，曾多次勸她跟我一起去運動；我這麼一說，她就隨便手拍兩下，表示運動做完了。這表示她沒有積極的心態，很讓人感到沮喪無力。多麼希望媽媽能跟從前一樣年輕有興趣；可是，她晚年都是靜靜的、不太愛講話，所以讓我們很心疼，也對將來可能失去她充滿恐懼。

這個時候，要學會立即切斷心裡面的害怕，接受媽媽有一天也會老，要面對人生無常；所以，在相處的時候多跟她聊天，講故事、講笑話給她聽。一定要學會「切」，切斷負面的情緒鏈，當負面情緒跑出來的時候，要及時喊停，然後轉念。

「寬」，就是寬恕。有一個Money & You的課程，創辦人是富勒博士，他是二十世紀到二十一世紀的美國精神領袖。他年輕的時候，爸媽想盡辦法籌錢讓他去哈佛大學念書；他聰明絕頂，卻沒有興趣念書。有一天晚上，他在路邊經過一家夜總會，聽到裡面的音樂，受到吸引而進去，看到大家都在開心的喝酒熱舞，他開心的信口說出：「好！今天我包場，所有的費用我出！」所有客人當然都很高興。結果，隔天早上酒醉的他醒來後，把爸媽借來讓他念哈佛大學的錢全都花光了，只好休學回家。

後來，爸媽把他送到加拿大一家伐木工廠做工；他研發了一些伐木設備，對林場有很大貢獻，家人知道後，認為他已改過自新了，便又去籌錢讓他回哈佛大學就讀。只是，他還是覺得讀書好無聊。

想不到，歷史重演，有一天他又經過同一家夜總會，又被跳舞的音樂吸引進去，又再度隨口說出所有的費用通通由他付！隔天早上一酒醒，又把爸媽借來的學費花光了，他被迫再度休學。

他後來跟一個富翁的女兒結婚，日子就好過一點了。可是，他很快又把老婆的錢花光了，因為他一直沒有反省和改進自己。

有一天，他三歲的女兒生病了，太太跟他說：「女兒生病了，你不要出去吧！」「不行！我要去看足球賽，一定要出去！」他丟下話就走，出門之前，女兒說：「我可不可以有一支小旗子？」她是指足球比賽會場發的小旗子。爸爸又信口開河了：「沒問題！包在爸爸身上，一定帶一支給妳！」說完就逕自出門去了。

結果，他支持的球隊贏了，太開心了，就去飲酒作樂；兩天後，他的太太終於找到他，匆忙的說：「你趕快回家，女兒不行了！」他趕緊衝回家，看到奄奄一息的女兒，才突然清醒：「對呵，我還有女兒！」他抱著女兒，女兒微微張開眼睛說：「爸爸，我的旗子在哪裡？」這件事他早就忘光光了。女兒就在他懷中離開了人世。

從此，富勒的一生充滿了悔恨；他每次都隨口答應，以為自己的承諾都可以做得到，結果連女兒要的一個小旗子都沒能給她。他覺得像自己這種大爛人不值得活在世間，有一天，他到密西根湖邊決定投河。

正當他要縱身一跳時，有個聲音在他心裡響起：「你的生命已經不屬於你；從今天開始，你的生命要貢獻給更多的人。你要去做善事，去幫助更多的人，將生命奉獻給人類。」

當他聽到這些話時，他打消了往下跳的念頭；當下決定，兩年內絕不講任何一句話，絕對要改掉信口開河的壞習慣。在這不開口的兩年內，他一直在沉澱並學習寬恕自己。之後，他開始做很多對人類有貢獻的事，成為二十一世紀非常棒的一位心靈導師。

我們每一個人都難免有犯錯的時候，讓我們學會重新調適吧！讓我們改進自己，幫助別人。富勒博士講了一句最經典的話：「幫助的人越多，財富就越多！」不但物質上富有，精神上也富有。

「面」，就是面對人生、面對問題、面對狀況。有一本很棒的日本小說叫《椿山課長的那七天》，故事是說：椿山課長是一位百貨公司經理，夜以繼日的工作，有一天竟過勞猝死。他到地獄的時候，地獄官告訴他：「因為你犯了邪淫罪，所以必須回到人間去悔改。」椿山回說他哪有犯邪淫罪，但地獄官斷定他有，說他回到人間就明白了。「不過，回到人世間有三個條件。」地獄官說，「第一，七天內一定要回來；第二，你會變身，不再是你原來的樣子；第三，不能藉機去報仇。」椿山答應了這三項條件，因為他很想回到人間，還有許多牽掛，也還來不及跟家人告別。

椿山回到人間後，居然變身成一個三十九歲、非常婀娜多姿的小姐。他想搭車回去看看老婆和孩子，在車上竟遇見應該待在養老院的爸爸——他的爸爸當然不認得現在的他。椿山就坐在爸爸身邊，問他要去哪裡？老人說是出來逛逛，然後說：「其實，我的兒子他們都不知道，我不是真的有老人痴呆症；他們以為我有老人痴呆症，就把我送到養老院去。其實我是因為媳婦很討厭我，我的兒子又那麼忙，我每天在家裡不好過，所以，我乾脆裝痴呆，讓他們把我送到養老院，我這樣比較自在，他們的日子也好過一點。」

這個小姐——也就是椿山課長，聽到這段話禁不住眼淚直掉，終於明白爸爸是為了不給他添麻煩，才故意假裝痴呆，去住安養院。

椿山課長下車後就走回家，看到他太太時，他自稱是椿山課長的客戶，是特地前來捻香的。他發現太太並沒有很悲傷的樣子，這時房內走出一個男人，正是椿山課長在百貨公司的部屬；接著，兒子也從後面跟上來；他發現，兒子跟那名部屬長得好像。原來那個兒子根本不是他生的，是老婆跟那個部屬所生的！直到這時，他才發現他人生中這麼多不堪的真相，就傷心的離開那屋子了。

後來，椿山課長又走到一個他當年念念不忘的女朋友的家。他自稱是椿山課長的好朋友，聽說他走了，想來向她問候一下，那位小姐就邀他進屋。他一進屋裡，立刻看到他們當年一起出去玩的照片，一張張都掛在牆壁上，可見這位小姐多年來還一直愛著椿山課長。他的心裡真是又激動、又無限感慨啊！

分享這本小說的用意是，我們要趁活著的時候勇敢的去面對自己生命中的真相，不要像椿山課長那樣，死了之後才去找答案，那就太慢了。等他又回到地獄時，他才知道原來他生前犯下了這麼多錯而懊悔不已。

「心」，就是心流經驗，就是一個人感覺到很自在、很開心的狀況。我們可以練習用深呼吸的方式，讓我們減少思考的干擾；一個人之所以有太多的壓力，主要就是想太多了。我建議，當你有煩惱的時候，馬上把手放到丹田，深深吸一口氣，再慢慢吐氣，如此反覆。在呼吸之間，你會越來越感覺到回歸到自己的「一」——生命的一，會很安定、很自在。

晚上睡不好的人更適合這麼做。當你躺在床上想東想西而睡不著時，就練習專注到自己的一呼一吸之間；你會發現，那些亂七八糟的想法就會通通跑掉，大概數到第十下左右就會睡著了，非常好用。

練習方法是「二一四」——二月十四日是情人節，所以這個數字很好記。先深深吸一口氣，數一、「二」；然後停「一」下，再呼氣數「四」、三、二、一，這樣就完成了一次深呼吸。當你全神貫注在呼吸的時候，睡眠就不成問題了。

「意」，是指意識與潛意識之間，我們可以用握手來測試兩者是不是內外合一。例如，我曾邀請一位聽眾和我互相握著手，對於我的提問，請她用捏或按一下來表示回答。我問：「妳很愛妳爸爸？」她按得很用力，表示很愛。「妳很愛媽媽？」也按得很用力。「妳很愛妳老公？」按得有點遲疑；我問：「是不愛老公嗎？」原來她是單身，還沒有老公，難怪按得比前兩個問題虛弱。在握手時按或捏得緊或不緊，能夠透露出你的意識與潛意識之間是否內外合一。

「大」是指格局要大，「開」則是開闊。今日的世界十分開闊，我們也要讓自己的人生格局更大，把生命開得更寬廣。有個很經典的故事：一個牙膏公司的業績節節下滑，老闆便請各部門主管全部一起開會找對策。有個經理舉手提議：「有一個方法很簡單——只要牙膏的管口多開一毫米，公司的業績就會上漲很多了。」的確，只要牙膏的管口多開一點點，使用牙膏的人每次就多擠一點點，公司的業績自然就會上漲了。

我們每個人從今天開始，也把各自生命的管口再多開一點點。如果有人說你做錯了，你要說謝謝，然後趕快改進，你的生命管口就因此打開了。反之，若你辯說：「我哪裡有錯，是你自己才錯了！」你生命的管口就縮小了。即便為人父母，孩子如果給我們意見，希望我們改進，我們也必須練習學會接受。

我們的心胸要敞開，人生格局要敞開，身體也要敞開；人生要開始學會多柔軟一點，學會再將生命空間擴大一點。若能如此，每一天、每一件事我們都會在進步當中，我們的生命就會不斷的開闊。

親子格言

◎我們的上一代不習慣說「我愛你」，但從我們開始，我們要多多對孩子說；當習慣成自然，愛的能量就會愈來愈多。

◎爸媽要勇敢的問孩子，自己是否曾經講過什麼話或做了什麼事讓孩子很傷痛，請孩子坦白跟你說，讓你有機會向他說聲對不起，孩子才能夠釋放那些不愉快的記憶。

◎即便為人父母，孩子如果給我們意見，希望我們改進，我們也必須練習學會接受。

談「情」說「意」話態度

情意教育是塑造價值、意義，培養態度、習慣，引發興趣、熱情的教育，通常難以評量。我們很難為孩子的態度打分數，只能自己先樹立典範，然後在教授孩子知識或技能時，將情意的態度融滲其中。

靜宜大學諮商輔導中心主任　孫台鼎

有位國中老師在網路上分享了一則自己的故事。這位老師任教多年，跟學生的關係一直都很好。有一回，接近期末考時，為了鼓勵班上的同學努力用功讀書，就跟同學們約好，將邀請考得不錯的同學到她家作客。

孩子懂得人情世故嗎？

送同學離開後，老師回頭看看家裡，一片杯盤狼藉，物品也被移動得亂七八糟。她感慨，到底是孩子的父母親出了問題，還是老師自己出了問題呢？為何孩子的學業成績一百分，人情世故卻拿零分……

期末考過後，老師依約邀請幾位考得不錯的同學到她家玩，還一一開車去接人；在路上，老師透露她會特地下廚煮幾道菜招待同學。沒想到，學生的反應居然是：「怎麼不是去外面吃大餐？」「怎麼不是吃麥當勞或披薩……」老師聽了當然有些沮喪，但也只能按捺住脾氣。

到家以後，老師先向同學介紹自己的先生跟小孩，然後就進廚房忙了。不料，這群同學竟擅自跑到老師的臥室，對房間的布置和物品指指點點。老師這下真的不高興了；臥室畢竟是極私密的地方，所以稍微責備了同學一下，同學便無趣的出來。中午吃過飯後，同學覺得無聊，因為不可能在老師家打電動，沒多久就離開了。

送同學離開後，老師回頭看看家裡，一片杯盤狼藉，物品也被移動得亂七八糟。她感嘆不已，「到底是孩子的父母親出了問題，還是自己出了問題呢？」

這些同學的行為，當然是父母親要從家庭教育先教起。另一方面，這件事也可以看出另一個問題：這些學生都是班上成績最好的同學，他們的學業成績一百分，生活禮儀卻拿了零分。

其實，這位老師的感慨我們很可能並不陌生，自己家裡是否也會出現類似的狀況呢？我就曾留意到這個狀況，便跟孩子同學的家長取得共識：不論是我的孩子去他家，或是他們的孩子來我家，若出現不恰當的行為，我們都有責任指正孩子，以及要求他們在離開之前把家裡恢復原狀。

這個議題其實是提醒家長，我們是不是把升學看得太重要？以致在這個前提下，往往忽略了其他生活中應注重的要求。生活態度與習慣也就是情意教育的一部分。

投注熱情才得最佳學習效果

我們所從事的工作，或者我們的人生，是否有熱情在支撐著我們呢？投注熱情學習而得的知識和技術，就會發揮到最佳效果；若沒有，則只是徒然任由時光飛逝，留下生活的痛苦難耐而已。

完整的教育有三大目標，第一是「教認知」，就是指知識、思想層面的學習；第二是「教技能」，是指技術、能力層面的學習。這兩項都有定義、有理論、有方法，也容易教，而且可以用考試來評量學習成果，甚至能夠透過考證照來取得專業資格。但我們常常忽略了第三項：「教情意」，這是教育失落的一角。「情意教育」是指價值、態度、興趣等的培養塑造，這要怎麼教呢？有辦法評量嗎？我們怎麼能去評量你對國文課的興趣是幾分？怎麼去評量我所從事的老師工作的價值是幾分？這很難做到。簡單的說，我們沒有辦法教「興趣」。

很多孩子聽到數學就搖頭，避之唯恐不及；然而，在現今的教育體制中是躲不掉的，所以壓力愈積愈大，成績愈來愈壞，興趣當然也愈來愈缺乏。興趣是一種動力，有興趣的事就會自動自發、不斷的去鑽研。例如電玩，家長通常都規定孩子一次玩一小時，但他們都會拖到一個半小時才結束；若是家長不在，那更是隨他高興了。有些孩子也很迷漫畫或小說，吃飯時看，上廁所也看，找到空檔時間就不放過。如果孩子能用這樣的精神做事或讀書，哪有不成功的呢？

我的老大從小對寫作充滿了熱情，他很喜歡作家侯文詠，所以我買了許多侯文詠寫給小朋友的書；孩子看完這些書後，閱讀能力提升了。之後我就買適合青少年看的《危險心靈》給他；他太喜歡這本書了，每天廢寢忘食的看。他的寫作能力原本出現瓶頸、無法提升；看過《危險心靈》後，整個能力大幅躍進，讓我驚訝極了。這等於是，我教不來的，侯文詠的書幫我教會了；我不在的時候，侯文詠的書幫我陪伴了孩子。當然，我知道在孩子就讀國二、國三得面對升學壓力時，爸媽也不放心孩子看太多課外書；我女兒還很喜歡畫漫畫，也畫得相當好；我們只好在考試前請她忍耐一下，先用功讀書，考完之後再好好畫個過癮。

我們所從事的工作，或者我們的人生，是否有熱情在支撐著我們呢？

投注熱情學習而得的知識和技術，就會發揮到最佳效果；若是沒有，則只是徒然任由時光飛逝，留下生活的痛苦難耐而已。舉例來說，如果你是一位富熱情的專業保母，看著孩子的一舉一動，會覺得那是天真活潑，自己也因為生活在這樣的活力中而感到年輕快樂；然而，假如你根本不喜歡孩子，孩子的一舉一動會讓你心煩、憎惡，卻因為不得不工作，所以會無奈、陷入低潮，感到看不到盡頭的折磨。

有人說，「建築師的錯誤可以拆除，醫生的錯誤可以埋葬，老師犯下的錯誤卻會慢慢長大。」如果我們沒有從小將孩子教育好，給了他錯誤的觀念或態度，這些錯誤都會慢慢跟著他長大，而且將不斷產生負面的效果跟影響，甚至危害社會。從事教育工作對人的影響力是很大的，我們必須突顯這個角色的重要性，並找出其中的意義與價值。

每一個行業都有其意義與價值，若找不到你所從事行業的意義與價值，當一碰到困難就會難以克服；反之，你會因為有積極的態度和熱情而能勇於面對工作的種種挑戰，每天便會過著充實而快樂的生活。

價值、意義、熱情是人生旅程的發電機與推進器，唯有以其為基礎，知識、技能才會有生命與活力。我常用一種不靠電池發電的手電筒來比喻，它本身就可以供給能量；這就像我們的情意教育一樣，如果我們有熱情，找到意義與價值，我們就會像這種手電筒一般，源源不斷的給自身能量去發光，不需要靠老闆打考績來威脅工作，不需要靠外在力量來控制行為，我們就會是自己的老闆，每天過著自主又快樂的生活。

看重孩子的續航力

孩子將來能成功與否，不完全靠他的功課成績，還需要一些軟實力；這些軟實力，常常是在教室之外去經營。換句話說，孩子的發展是一輩子的，我們要看重的是他的續航力。

情意教育是塑造價值、意義，培養態度、習慣，引發興趣、熱情的教育，通常難以評量。我們很難給孩子的態度打分數，只能自己先樹立典範，然後在教授孩子知識或技能時，將情意的態度融滲其中。這正是目前我們教育中嚴重缺失的一角，我們必須設法將它補足。因為情意教育失敗的代價：一是知識、技能可能成為洪水猛獸，危害社會，二是知識、技能會打折扣，造成教育投資的浪費。

我們明白，因為少子化的緣故，學校有很大的壓力，各個學校都在搶學生；而最能吸引學生前來就學的方法就是高升學率，所以老師就拚命教、拚命考、拚命拉抬學生的成績。這似乎就是好學校的指標，因為家長也都吃這一套；為了達到這個好學校的指標，校長壓榨老師、老師壓榨學生，然後不斷惡性循環。

在中國大陸有個很有名的小學老師周武，他發現了一個「第十名現象」。一個班上，成績名列前茅的人，因為有輸不得的壓力，所以過得辛苦；而成績在後段的人也有非趕上不可的壓力，所以也辛苦。這兩種人都忙於功課而無暇去開發其他的潛力，去投注熱情。但成績在第十名左右的人，因為沒有上述這兩種人的壓力，能有較充分的時間和心力來認識自己，開發自己的經驗與能力，未來成功的機率反而大於前兩者。

孩子有明顯的興趣相當好，此時父母就要從旁鼓勵，擇其所愛；有些孩子的興趣並不明顯，我們就要隨緣，看他的緣分將來是走上哪一條路，父母要教會他愛其所擇。就像很多人現在所從事的工作並非是第一志願，但我們還是要愛我們所選擇的；對孩子也是這樣，不論是擇其所愛或愛其所擇，都要不斷的祝福他們。

每個孩子都是獨特的，只是我們現在都用很窄的標準來評斷，將他們套在很窄的框架上；所以，在這狹窄的框架標準中，很多孩子都「失敗」了。請記住前面提到的「第十名現象」，它給我們父母親一個重要的啟示：一個人能成功與否，不完全靠功課成績，還需要一些軟實力；這些軟實力，常常是在教室之外去經營。換句話說，孩子的發展是一輩子的，我們要看重的是他的續航力。

成功來自重複做簡單的事情

良好的生活常規乃至基本禮儀，只要從小重複做到大，習慣成自然，就會變成孩子的人生意義和價值。例如，推動品格教育，永遠不嫌晚，不論小學、中學、大學，能做多少就做多少，體制內、體制外都要一起努力。

哈佛有一位教授提出「軟實力」的見解。他認為，所謂國家的硬實力是指國防、外交、軍事等，可以藉此來壓制、影響其他國家的實力；簡單的說，就是比拳頭大小。但是，他後來發現，諸如文化、科學等，似乎在某種程度上也能影響其他國家，而不是只能靠武力、軍事或者經濟。

若是將這個軟實力的觀念套用到孩子身上，硬實力可以說是他的功課成績，軟實力就可能是人際關係、修養、EQ、情緒掌控力、抗壓力等。再將場景換到求職面試現場，硬實力可能是在校成績、學歷、證照等這些可以證明的文件，這些都算是門檻；過了這個門檻後，面試官一定會評估你的軟實力，也就是品格、熱情等。

當然，談吐舉止不代表一切，但它能反映出品味和修養，這是無法量化呈現的；所以，面試官在看完硬實力後，就要評估面試者所呈現的軟實力，也就是情意部分。比方說：談到某件事時，應徵者有沒有帶著熱情，這是感受得到的；還有他的態度如何，因為態度會決定深度。以及如何發揮合作能力、創意、韌性、敬業等軟實力，這些都是面試官須考量的；再與知識技術等硬實力相結合，才能在工作中表現傑出、有所貢獻。

有些搬家工人可能粗手粗腳，搬東西時大剌剌，這裡碰一下，那裡刮一下，讓人好氣又無奈，不知該不該索賠。但是，我曾遇到一個很棒的搬家工人，他在搬物品時總是當成是自己的一樣，不但會細心的把家具包得妥當，還會依他多年的經驗給出專業建議，教你家具如何擺放更適當。

我家附近的熱水器老闆也令人「足感心」。有一年，正值冬天晚上十一點，熱水器壞了；打了一通電話給他，他就馬上過來檢查，隔天一早就過來幫忙修理、換零件，還將全家的水龍頭、蓮蓬頭等出水口清理得乾乾淨淨，以防阻塞影響流量。還有一位油漆粉刷工人，他在工作時會先將家具整整齊齊的移開，將地面鋪好報紙，粉刷牆壁時還一邊放音樂，很樂於工作的模樣，讓人感受到他在從事一件很有意義、有價值的事。

遇上這些優秀的工人，我們除了感恩，有機會時也會為他們介紹工作。我相信，我們生活周遭一定有許多這樣用心的人。我們也由這些生活上的小事便能瞭解，知識能力強固然有助於事業；不過，只要工作態度佳，也一定能打下一片天。有人說過，邁向事業成功有三個很重要的因素，第一是家世，第二是學歷、能力，第三就是態度了。有良好家世資源固然慶幸；若是沒有，後天的工作態度是我們可以掌握的，也就是我們要教給孩子可以帶得走的一輩子的禮物。

《優秀是教出來的》這本書的作者是一位美國的小學老師，曾獲得全美國最佳教師獎。他在這本書中表示，影響他最大的是他的祖母。他小時候與祖母同住，祖母給了他很多上一代的價值；後來，當他從事教育工作時，就特別挑選去比較落後偏遠的地區任教。一般人都喜歡教明星班，因為「得天下英才而教之」是多麼榮幸的事；然而，這位老師有自己的價值與理想。在書中，他提到很多小例子，就是從小訓練學生很多生活常規，簡單如握筆、筆順等，以及要有禮貌、問話要回應、說話時要看著對方的眼睛等，希望這些細微的規範能夠幫助孩子奠定良好的基礎，也就是懂得尊重與自重。當孩子懂得尊重時，我們一定感到無比的欣慰和驕傲，因為這是跨入教養工作的一個新的里程碑啊！

然而，這些微細的事情就像下水道工程一樣，常常被我們忽略；我們往往只看到結果而忽略了過程。其實，這些微細的生活常規，更需要父母以身作則，才能讓孩子在生活中自然而然、耳濡目染的養成。

有人主張在大學推動品格教育，就有老師反對，認為這是將大學小學化，品格教育應該是從小學做起。我的看法是，永遠不嫌晚！不論小學、中學、大學，能做多少就做多少，體制內、體制外都要一起努力；否則，將來出了社會，誘惑大、挑戰就愈大，很多人可能就把持不住了。魔鬼總是藏在細節裡，完美也是同樣藏在細節裡，千萬不要忽略小地方。

舉個例子。一所醫學院的碩士班口試，所有口試生都待在一個房間裡準備時，有一名打掃的清潔婦人走進來打掃；突然，那位老婦人倒下去了。此時，等待口試的人中，有人開始進行急救處理，有人趕緊去求救，卻也有人繼續冷眼旁觀的準備口試。他們不知道，其實口試已經開始了；在那群等待口試的人中，就有一位是口試官。這場口試，看的不僅是學業、成績、證照這些硬實力，也看關懷心這個重要的軟實力。一個要當醫生的人，一定要醫術與醫德兼具，要有救世濟人的大愛；否則，在這場口試中只有落選的份了。

態度並非高深的道理，只要稍微留意就可以做到。如果你有一個好的習慣、好的態度，那就是你生命的一部分，你碰到情境時就自然會去做，也就難免會自然的被別人發現，所以，我們又可以說：「機會是給準備好的人。」有了好的態度，自然機會就比別人多。

讓孩子吃苦，培養同理心

有一個牧場主任要他的孩子每天都要負責牧場的工作，朋友看了不忍心的說：「不需要讓孩子那麼辛苦啦！」牧場主任回答：「我不是在培養農作物，我是在培養我的孩子！」培養孩子的同理心，讓他們更能體會父母親的辛苦，也更能懂得感恩。

對國中小的孩子來說，有些道理並不容易理解，這牽涉到個人的認知發展、抽象思維和推理能力；不過，並不一定要讓孩子懂了才能做，可以讓他先養成好習慣，長大後自然能明白箇中道理。有一個理論是「成功來自重複做簡單的事情」；從小重複做到大而習慣成自然，將來瞭解道理後，就會變成他的人生意義和價值。

有一個牧場主任要他的孩子每天都要負責牧場的工作，朋友看了不忍心的說：「不需要讓孩子那麼辛苦啦！」牧場主任回答：「我不是在培養農作物，我是在培養我的孩子！」這句話很啟迪人心！原來，培養孩子很簡單，讓他吃點苦就可以了。最簡單的方法就是讓孩子做家事，無論是掃地、拖地、摺衣服、洗碗、晒衣服、整理垃圾、倒垃圾、擦桌子……表面上是給孩子找事忙，實際上是給他們學習的機會。當然，家長要先以身作則，將家庭環境維持得整齊清潔，然後讓孩子參與維持整潔的工作，這能讓他們瞭解父母親的辛苦；寒暑假讓孩子去打工的道理也是一樣。培養孩子的同理心，讓他們更能體會父母親的辛苦，也更能懂得感恩。

當我們看到別人表現得不錯時，那是由結果來看，他們背後的努力過程是我們沒看到的。有家商店經常燈火通明，客人稱讚店家的燈泡真好，都不會壞。店家笑著說：「不是不會壞，是壞了我們就馬上換，讓它永遠保持在最佳狀態。」這背後的努力就是踏實勤快。

在培養孩子的過程中，有兩件事相當重要，就是踏實和勤快，這是孩子一生受用不盡的態度與價值。讓孩子吃點苦，更深的意義是不讓孩子養尊處優；因為，養尊處優後，就會失去面對逆境的韌性及處理事情的應變能力，就會處處覺得有壓力了。

重視無意間的學習

如果孩子有心提醒或糾正你的過失，一定要將孩子的話聽進去，讓他覺得他有機會告訴你一些重要的事，這不但能增進親子關係，也是一種無意間的學習。要記住，做的永遠比講的更重要、更有影響力。

有意的學習是指類似上課的學習，有課程表，能照表操課，這是相對容易的；這一部分，我們想教給孩子什麼，能夠事先規畫好，讓孩子有計畫的學習。而所謂無意間的學習，指的是在不經意的生活當中，像是第一節課跟第二節課中間、午休時等教學空檔，也可能是在家中發生的學習。

這類的學習，家長可能比較感到有壓力，因為家長自身未必都能有禮的問好、或隨時與別人保持良好的互動。家長日常的行為舉止若不能成為教養孩子的典範，在這種無意間的學習下便容易成為負面教材。

態度的學習會融滲在每一個生活細節中。例如，我身為老師，很重視守時，總是在上課鐘響之前就進到教室準備上課，所以我自認是很守時的人。但是，我有一天發現，在女兒眼中我竟是個很不守時的人，因為家庭的約會我常因公務而遲到；若跟我約好六點，她們會自動延到六點半甚至七點。知道她們認為我是個愛遲到不守時的人之後，我非常驚訝，也隨即反省改過，要用身教來做榜樣。

如果孩子有心提醒或糾正你的過失，我建議一定要將孩子的話聽進去，讓他覺得他有機會告訴你一些重要的事；這不但能夠增進親子關係，也是一種無意間的學習。

做的永遠比講的更重要、更有影響力；若你總是愛講大道理，但又說一套、做一套，孩子會注意的是你所做的事，而認為你說話都不算數。因此，若我們因行為錯誤而遭孩子糾正，一定要虛心接受；孩子不會因為你是他們的爸媽就認為你是完美的，但孩子會因為你接受了他的指正而尊敬你。因此，若接受孩子的指正而知過能改，即使失了面子，卻贏了裡子，贏得了你在孩子心目中的地位。

無意間的學習，就在日常生活中。有個爸爸開車時習慣把煙蒂往外丟，他是不經意的；可是他的孩子看到了，也會跟著學習，以後就會亂丟紙屑、瓶罐或其他雜物。對這種無意間的學習，家長常有盲點；所以，夫妻兩人最好能彼此提醒，尤其在細節上千萬不能大意。父母要成為典範，因為孩子會進行的行為多是從父母身上學來的。

父母要先能改正自己，才能教出會反省的孩子；所以，以身作則決不會吃虧。父母平時若能常表現出友善、開放、接納、關懷、尊重、熱情、用心、負責、認真等態度，孩子就能在潛移默化中獲得正面的影響。

承諾會愛我們的孩子一輩子

請回想，當孩子誕生的時候，我們就承諾要愛護他們一輩子，但我們真的這樣做了嗎？我們想給孩子祥和的成長環境，希望他們快樂成長、身體健康、幸福平安，請不要忘記這個崇高的理想啊！

「態度」是父母留給孩子最好的禮物。請父母在家庭中去尋覓這失落的一角，請老師在學校中去尋找這失落的一角，也就是情意教育——如何引發孩子對於某些事情的堅持跟熱情，奠定正確的態度。

二〇〇五年發生了一件令人痛心的事：一名十五歲的建中生跳樓，他的遺書中寫著：「我最不喜歡的是補習。」即使是優秀的建中生還是會有很多苦惱，因為全國的菁英都在那裡就讀，但只有一個人是第一名；原來在國中拿第一的，上了建中後可能變成第十名、二十名，甚至四十名。從第一名到第四十名的落差，讓很多學子無法接受，但他們本身的資質和條件並沒有改變啊！

目前的資優班愈來愈多，每年也愈多人報考；事實上，資優生不應該有那麼多吧！目前的大學錄取率已接近百分之百，研究所甚至超過二千八百所，擁有高學歷早就不是問題，但升學壓力卻一點都沒有降低。

芬蘭的教育成功是全世界公認的，他們十五歲學生的閱讀能力、自然科學能力都名列第一，擁有最多的大學畢業生，但他們並沒有太多策略，學校從來不排名，國中生一天只上課六小時，假期又多，不用考高中，沒有升學壓力，更沒有體罰，這在臺灣的大環境似乎是不可能的。

此外，臺灣大專生的體適能是全亞洲倒數第二。許多人認為運動是浪費時間，運動完很累、會影響讀書；其實，運動過後，體力和精神都會更好。學校升學主義猖獗，功利思想常是意義、價值與理想的殺手；而家長的推波助瀾，陷在「不要輸在起跑點」的迷思，讓我們的下一代失去了正常的成長環境。

很多人認為，教改在臺灣不會成功，因為要扭轉父母的觀念實在太難了。我們今天就是要從父母的自我反省角度出發，我們自己就是大環境的一部分；若觀念不改，我們的孩子還有未來嗎？讓我們承諾會愛我們的孩子一輩子！這不是甜言蜜語，而是你我心裡都想說的話。請回想，當孩子誕生的時候，我們就承諾要愛護他們一輩子，但我們真的這樣做了嗎？我們知道每個孩子都是獨特的，就像五根手指一般，各有長短、各司其職，每個人都有存在的目的與尊嚴。我們想給孩子祥和的成長環境，希望他們快樂地成長、身體健康、幸福平安，請不要忘記這個崇高的理想啊！

雖然大環境不是我們一人之力可以改變的；但是，在家裡能多做一點就儘量多做一點。多注意孩子在功課之外的其他發展，是不是有一些平衡生活的娛樂休閒；多跟孩子一起吃晚飯，因為吃晚飯常常是最佳的溝通時間，能增進彼此的瞭解。

現在孩子的壓力太大，壓力並非不好，而是不希望它大到失去平衡；畢竟，我們希望孩子一生保持學習興趣。很多孩子在大學之前，因為都有老師和家長盯著學習，就像一支別人準備好電池的手電筒；到了大學之後，電力就用光了，自身也無法創造出能量，就變得非常茫然。

此時，我們要幫忙引導孩子進行生涯規畫；例如，可以鼓勵他考證照，尋找升學以外的人生方向；如果有興趣，就讓興趣帶領他去追求生涯的發展，持續不斷的自我學習。我們都希望孩子長大後能成為好公民，能夠獨立自主負責，能照顧自己和家人，貢獻自己並幫助他人；但是，截至目前，我們似乎走錯了方向。明明每個孩子都有自己的特色，我們多年來卻用單一的智育紙筆測驗來篩選所有孩子，不讓他們有公平的發展機會。

我們希望孩子平安快樂的成長，卻給了他們爭議的政策、爭議的媒體。我們希望孩子找到人生的方向，卻讓他們早上六點起床讀到晚上十點甚至更晚，只為了追求單一的升學分數，過著單調的生活。我們讓孩子現在成為考試機器，將來高中畢業後，他們就丟掉課本，再也不願讀了。我們希望孩子成為好公民，卻讓他們聽大人的話，順服權威，只要讀書考試而不要想東想西。身為家長的我們，似乎不知不覺的忘掉了最初要給孩子的無條件的愛。

請不要忘掉我們對孩子曾有的期許。也許我們無力改變大環境；至少，當孩子的數學、國文、英文都不是他的強項時，我們能夠看到他的其他優點，並給予鼓勵，讓他在生活上取得平衡，也找到存在的價值。

親子格言

◎孩子有明顯的興趣相當好，父母就要從旁鼓勵，擇其所愛；有些孩子的興趣並不明顯，我們就要隨緣，看他的緣分將來是走上哪一條路，協助他愛其所擇。

◎後天的工作態度是我們可以掌握的，也就是我們要教給孩子可以帶得走的一輩子的禮物。

◎培養孩子的最簡單方法就是讓孩子做家事，看似給孩子找事忙，實際上是給他們學習的機會。

◎在培養孩子的過程中，有兩件事相當重要，就是踏實和勤快，這是孩子一生受用不盡的態度與價值。

親子筆記

親子筆記

親子筆記

親子筆記

國家圖書館出版品預行編目資料

跟孩子零距離 / 林美琪文字整理. -- 初版. --
臺北市 : 慈濟傳播人文志業基金會,
2013.11
面 ; 公分
ISBN 978-986-6644-97-9(平裝)
1.親職教育 2.親子關係 3.文集

528.207　　　　102024542

跟孩子零距離

創辦者	釋證嚴
發行者	王端正
策畫	財團法人泰山文化基金會
主講	方蘭生、李宗燁、陳清泉、李偉文 林祺堂、蕭　文、吳娟瑜、孫台鼎
出版者	慈濟傳播人文志業基金會 11259臺北市北投區立德路2號
客服專線	02-28989898
傳真專線	02-28989993
郵政劃撥	19924552　經典雜誌
文字整理	林美琪
責任編輯	賴志銘、高琦懿
打字志工	王文茜、李宛茜、林文月、林姿秀、 張美娟、楊宗恩、楊雅惠、賈玉華（依筆畫排序）
美術設計	尚璟設計整合行銷有限公司
印製者	禹利電子分色有限公司
經銷商	聯合發行股份有限公司 新北市新店區寶橋路235巷6弄6號2樓
電話	02-29178022
傳真	02-29156275
出版日	2013年11月初版1刷 2020年2月初版4刷
建議售價	200元

為尊重作者及出版者，未經允許請勿翻印
本書如有缺頁、破損、倒裝，請通知我們為您更換
Printed in Taiwan

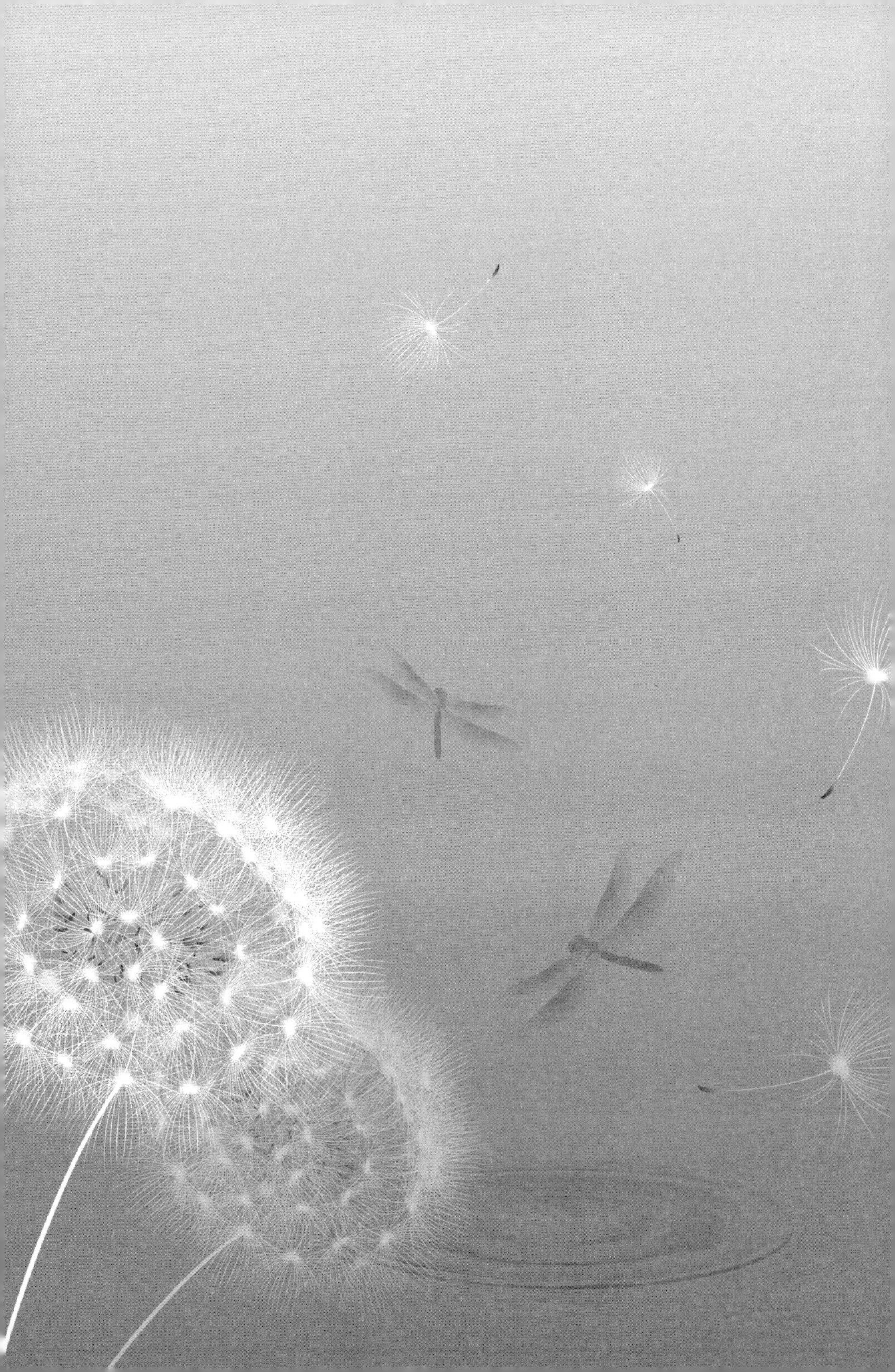

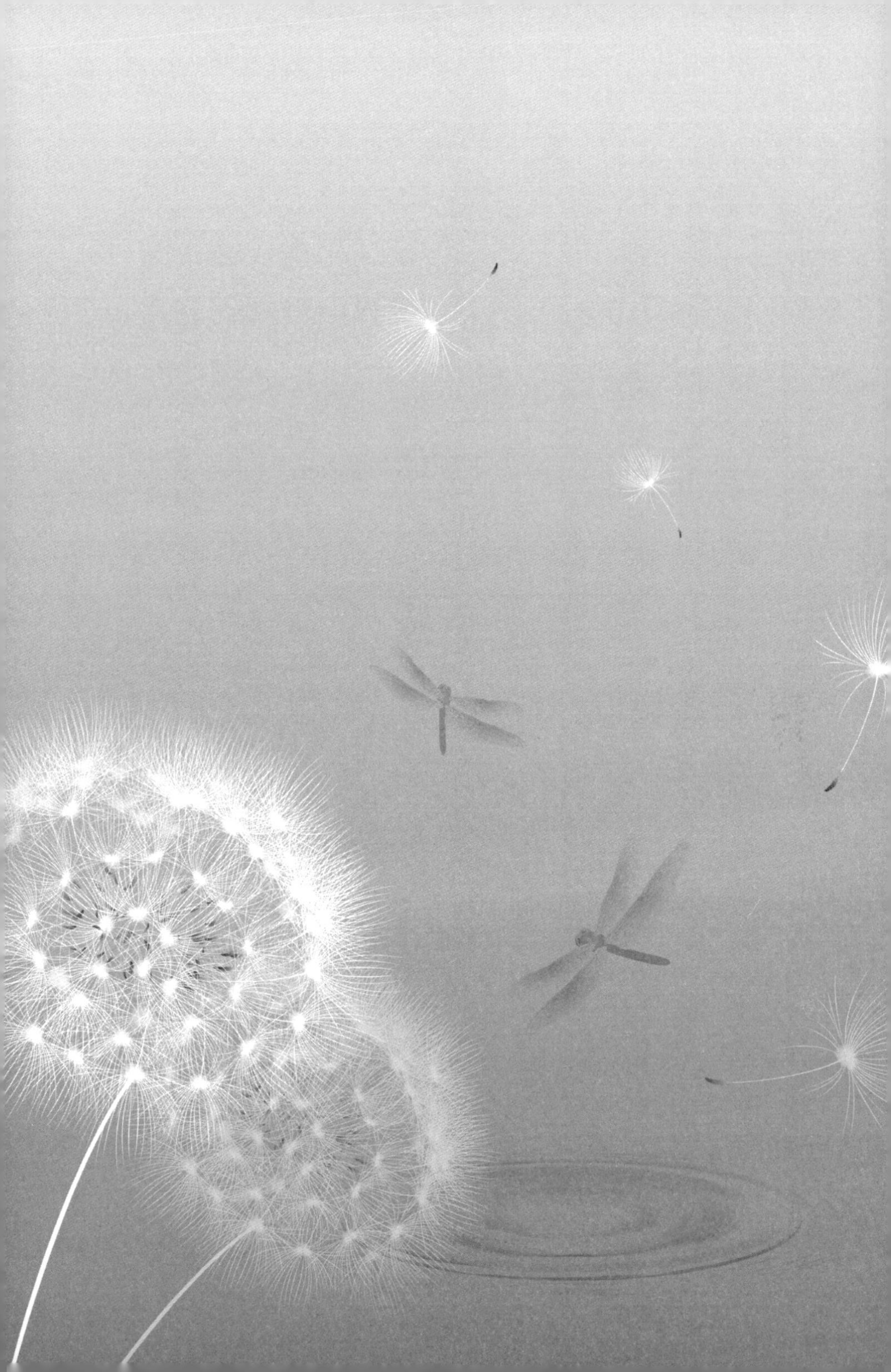